Übersetzung
Günter Kieser

Dr. Aaron Kroger

Selbsthypnose hilft

Jeder kann es

param

Bibliografische Information der Deutschen Nationalbibliothek

Die Deutsche Nationalbibliothek verzeichnet diese Publikation in der Deutschen Nationalbibliografie; detaillierte bibliografische Daten sind im Internet über http://dnb.d-nb.de abrufbar.

Die Beschreibungen in diesem Buch sind notwendig allgemeiner Art. Weil Menschen individuell erleben, schlussfolgern, reagieren und urteilen, kann bei schriftlich gegebenen Anweisungen nur begrenzt die jeweilige Wirkung abgeschätzt werden. Alle Hinweise und vorgeschlagenen Verfahren richten sich an gesunde Erwachsene. Wenn Sie unsicher sind, lassen Sie sich bitte fachlich beraten. Verlag und Autor schließen jegliche Haftung aus, die aus einer Anwendung der hier beschriebenen Methoden abgeleitet werden soll.

Titel der Originalausgabe »Selfhypnosis to go«

Gestaltung ComGraphiX, Ahlerstedt
Gesamtherstellung Finidr, Cesky Tesin

ISBN 978-3-88755-**397**-5

www.param-verlag.de

PRAXIS

VORBEREITUNG

Kostprobe

■ Hypnose fasziniert. Sie verheißt Befreiung von Problemen und Leiden wie durch ein Wunder. So ziemlich jeder hat ja dann und wann das Bedürfnis, seine Lebensumstände zu verbessern. Hypnose scheint eine Antwort darauf zu sein. Ein Hypnotiseur hat offensichtlich die Macht, Menschen zu beeinflussen. Oder nicht?

O, nein! Kein Hypnotiseur hat jemals Macht über einen anderen Menschen gehabt. Hypnotiseure, die als Unterhaltungskünstler auftreten, versuchen, den Anschein übermenschlicher Kräfte zu erwecken, die sie in die Lage versetzen würden, Menschen nach ihrem Willen handeln zu lassen. Doch das ist alles nur Show.

Die Macht der Hypnose liegt allein im Geist des Hypnotisierten. Der Hypnotiseur hilft nur, sie freizusetzen. Deshalb wird heute bei seriöser Anwendung auch von Hypnotherapie gesprochen. Ein Therapeut gibt Hilfestellung, die mentale Kraft freizusetzen und zu leiten. Jeder weiß aus Erfahrung, dass uns im Leben Probleme begegnen, doch nicht jeder weiß, dass wir auch die Ressourcen in uns haben, diese Probleme zu lösen, unsere Kräfte zu entwickeln und so selbst für unseren Erfolg zu sorgen. Hypnose und auch Selbsthypnose erschließen diese Ressourcen.

Wirkliche und nachhaltige Verbesserung der eigenen Persönlichkeit zu erlangen, ist nicht immer leicht und angenehm. Entschlossenheit und Ausdauer sind notwendig. Aber der Zustand, der durch Hypnose erreicht wird, ist angenehm, sehr, sehr angenehm. Es ist ein Zustand tiefer Ruhe, gleichzeitig aber ist man hellwach.

Der bewusste Geist, wie wir ihn alltäglich nutzen, argumentiert und blendet fortwährend Fakten aus, um das Bild zu stabilisieren, das er von sich und der Welt hat beziehungsweise haben will. Er ist vergleichsweise schwach und bringt endlos Ausflüchte hervor, warum man irgendetwas getan hat oder nicht zu tun braucht. Wie ein Blatt im Wind wird er von Eindrücken und Emotionen hin und her getrieben, ist rastlos, nie zufrieden, hat an allem etwas auszusetzen, weiß alles besser und erfindet zu allem eine Geschichte, unsere Geschichte.

Das Unterbewusstsein ist eine stabilisierende Kraft, denn es arbeitet vergleichsweise wie ein Computer. Zugegeben, wir haben aus bestimmten Gründen manches falsche, weil schädliche Programm in unserem Computer. Der bewusste Geist sagt uns, dass wir für diese Gründe nicht verantwortlich sind, dass wir Opfer sind, ausgeliefert, unnütz und hilflos. Punkt.

Genau jetzt ist der Augenblick gekommen, dass Sie erfahren können: Diese Programme lassen sich ändern. Wir können die alten schädigenden Programme durch neue förderliche ersetzen. Ja, auch Sie können das. Die neuen, positiven Programme laufen dann im Unterbewusstsein genauso zuverlässig zum Guten ab wie zuvor die schädigenden zu unserem Nachteil. Dieses Ändern der Programme ist Ziel jeder mentalen Therapie. Hypnose ist dabei besonders erfolgreich.

Auf das Unterbewusstsein kann man am besten Einfluss nehmen, wenn man in einem entspannten Zustand ist. Der Schlaf ist damit nicht gemeint, denn wir müssen die Informationen, das Programm, ja aufnehmen. Ein Zustand ruhevoller Wachheit ist gemeint, wie wir ihn kurz vor dem Einschlafen oder gleich nach dem Aufwachen durchlaufen – auch wenn wir das nicht unbedingt bemerken. Ein solcher Zustand ruhevoller Wachheit wird durch die Hypnose herbeigeführt. Der Zustand wird Trance genannt. Also keine Panik bei dem Wort Trance! Der tatsächliche Sachverhalt Trance ist genauso harmlos wie das, was so lange geheimniskrämerisch hinter dem magischen Wort Hypnose versteckt wurde.

Sie werden erfahren, dass diese ruhevolle Wachheit der Trance dazu führt, dass sich Ihr Geistes klärt und sich für reine und erhebende Gedanken öffnet. Ängste und negative Gedanken werden beseitigt, mentale Kraft und Begeisterung aufgebaut. Alles, was Wohlergehen und Erfolg blockiert, wird gelöst, Lebensenergie und Inspiration werden freigesetzt.

Wenn Sie Ihr Unterbewusstsein in diesem Sinne trainieren und auf ein erfüllendes Leben programmieren wollen, dann richten Sie sich zwei Zeiten am Tag dafür ein. Zehn Minuten genügen für den Anfang. Wenn sich erste Erfolge einstellen, werden Sie ganz leicht mehr Zeit dafür finden. Am besten ist der frühe Morgen, gleich nach dem Aufstehen. Die andere Zeit können Sie nach Ihren Bedürfnissen am Nachmittag bis Abend wählen, nur nicht direkt vor dem Schlafen, es sei denn, Sie haben Schwierigkeiten einzuschlafen.

Bevor ich Ihnen in aller Kürze die Grundlagen der Hypnose darlege und Ihnen zeige, wie Sie diese Methode selbst anwenden und völlig unabhängig als Selbsthypnose zu Ihrem Begleiter in ein besseres Leben machen können, schlage ich Ihnen vor, eine Kostprobe zu nehmen:

Suchen Sie sich einen Raum, in dem Sie ungestört sind. Schließen Sie Türen und Fenster und sorgen dafür, dass Sie nicht unterbrochen werden. Legen Sie sich auf ein Bett oder Sofa und entspannen, so gut Sie können, etwa zwei bis fünf Minuten lang. Atmen Sie dabei tief und gleichmäßig. Sowohl Ihr Geist wie auch Ihr Körper neigen dazu, sich zu entspannen, wenn Sie inaktiv sind, und dieser passive Zustand öffnet eine Tür zu Ihrem Unterbewusstsein. Sie kennen das bestimmt vom Dösen.

Während Sie still daliegen, schließen Sie Ihre Augen und fühlen sich in eine wohlige Entspanntheit. (15 Sekunden) Richten Sie nun Ihre ganze Aufmerksamkeit auf die Zehen Ihrer beiden Füße. Stellen Sie sich vor, wie sich dieses warme und entspannte Gefühl in Ihren Zehen ausbreitet... sich über die Füße zu den Hacken und Knöcheln erstreckt... Stellen Sie sich vor, wie das wohlige Gefühl beide Waden empor zu den Knien steigt und in die Oberschenkel bis zur Hüfte. Das warme, entspannte Gefühl steigt entlang der Wirbelsäule auf, kreist um die Schulterblätter und strömt in den Nacken.

Richten Sie nun Ihre Aufmerksamkeit auf die Finger beider Hände, wo Sie die entspannende Wärme genau wie zuvor in den Zehen spüren. Dieses angenehme Gefühl strömt über die Handrücken... in die Handflächen... zu den Handgelenken... durch die Unterarme zu den Ellenbogen... durch die Oberarme zu den Schultern... und zum Nacken... und entspannt auf seinem Weg jeden einzelnen Muskel.

Jetzt strömt die entspannende Wärme in die inneren Organe... den Bauch... den Magen.. die Brust... und zu den Nackenmuskeln.

Die wohlige Entspannung breitet sich nun in den Hinterkopf aus... strömt zum Scheitel... und zur Stirn. Alle Gesichtsmuskeln entspannen sich. Die Augen entspannen sich. Die Nasenflügel entspannen sich. Die Wangen entspannen sich. Der Kiefer lockert sich. Das Kinn entspannt sich. Die Ohrmuscheln entspannen sich. Und die Nackenmuskeln entspannen sich. Jetzt ist jeder einzelne Muskel Ihres gesamten Körpers vollkommen entspannt.

Wenn Sie im gesamten Körper ein generelles Gefühl der Entspannung herstellen können oder eine Schwere in Armen und Beinen, haben Sie bereits einen Zustand leichter Trance erreicht. Machen Sie diese Übung einige Tage lang, bis Sie sich ganz sicher damit fühlen. Dann schließen Sie den zweiten Teil an.

Ziel ist jetzt, einen Zustand noch tieferer Trance zu erreichen. Das kann auf verschiedene Weise geschehen. Weit verbreitet ist, sich eine angenehme Szene auszumalen, zum Beispiel ein grünes Tal, in das man von einer Bergspitze blickt. Man schaut einem Bach zu, der sich idyllischen durch das Tal schlängelt, und während man seinen Windungen zuschaut, entspannt man mehr und mehr. Eine andere Möglichkeit ist zu visualisieren, man steige sehr langsam eine lange Treppe hinab und während man Schritt für Schritt die uralte steinerne Treppe abschreitet, kommt man bei jedem einzelnen Schritt tiefer zur Ruhe... und tiefer... und tiefer.

Der folgende Text ist ein Beispiel, wie hypnotische Trance vertieft werden kann. Bitten Sie eine vertraute

Person, Ihnen den Text sehr ruhig und langsam vorzulesen, oder zeichnen Sie den Text selbst auf und spielen ihn sich vor.

▶ Ich möchte, dass Du Dir ein großes Kaufhaus vorstellst. Du befindest Dich in der fünften Etage... Du betrittst gerade den Fahrstuhl, um ins Parterre zu fahren. Und wie Du nach unten fährst und wie die Türen des Fahrstuhls auf jeder Etage öffnen und schließen... entspannst Du tiefer und immer tiefer...

Die Türen schließen sich... und Du fängst an, ganz langsam tiefer zu sinken...

Der Fahrstuhl kommt sanft auf der vierten Etage zum Halt... Ein paar Leute steigen aus... Ein paar Leute steigen ein... Die Türen schließen sich... Der Fahrstuhl sinkt nach unten und Du entspannst tiefer... und tiefer... Du entspannst mehr und mehr...

Nun sinkst Du auf die dritte Ebene... Der Fahrstuhl hält an... Die Türen öffnen und schließen... und Du entspannst mehr... und mehr... Deine Ruhe wird tiefer... und tiefer...

Langsam schwebst Du auf die zweite Etage... Ein paar Leute steigen aus... Ein paar Leute steigen ein... Und während sie das tun... fühlst Du Dich noch viel mehr entspannt... noch viel tiefer in Ruhe...

Es geht weiter zur ersten Etage... Die Türen öffnen... und schließen... Niemand steigt aus... Niemand steigt ein... Du bist bereits sehr tief entspannt... und entspannst noch mehr... noch tiefer... Deine Ruhe ist tief... sehr, sehr tief...

Es geht weiter... bis der Fahrstuhl im Parterre anhält... Die Türen öffnen... und alle steigen aus... doch Du steigst nicht aus. Du beschließt, noch tiefer zu gehen... Die Türen schließen... Du fährst nach unten... tiefer und tiefer... tiefer und tiefer... Und wenn Du im Untergeschoss ankommst... bist Du noch tiefer entspannt... und fühlst Dich noch wohler... noch tiefer in Ruhe...

Nun, wenn Sie diese Übung beim Zubettgehen machen, dann können Sie danach einfach einschlafen. Tatsächlich entspricht der Zustand direkt vor dem Einschlafen dem Zustand der hypnotischen Trance. Wenn Sie anschließend aber nicht schlafen wollen, dann müssen Sie aus der Trance auch wieder herausgeholt werden. Auch darüber werden Sie im Folgenden noch mehr erfahren. Für diese einfache Übung genügt es, wenn Sie fünf Mal in zunächst längeren und dann immer kürzer werdenden Abständen mit einem Löffel sanft ein Glas anschlagen oder ein Glöckchen läuten. Nach dem letzten Läuten sagen Sie ganz sanft, doch klar: »Wach, hellwach.«

Wenn Sie diese Übung gemacht haben, wissen Sie bereits alles über hypnotische Trance. In diesem Buch erfahren Sie, wie Sie dieses Wissen gezielt zur Verbesserung Ihrer Befindlichkeiten und Verhaltensweisen einsetzen können. Mit der Zeit und entsprechender Übung wird es Ihnen immer leichter fallen, den Zustand der Trance zu erreichen. Dann werden Sie auch immer besser damit zurecht kommen, wenn um Sie herum Ablenkungen auftreten.

Abgesehen davon, dass der Zustand der Trance sehr entspannend für Körper und Geist ist und schon darin seinen Wert hat, ist er für Hypnose und Selbsthypnose die Vorbereitung. In diesem entspannten Zustand ist Ihr Bewusstsein geöffnet. Der immer kritische Verstand ist beruhigt und Ihr Unterbewusstsein ist bereit, um die Anweisungen zu empfangen, die Sie ihm geben wollen. Diese Anweisungen werden Suggestionen genannt, ein Wort, das im Umgangsdeutsch nicht frei von Vorurteilen ist. Das lateinische *suggere* bedeutet darreichen, anbieten; das englische *suggestion* bedeutet Vorschlag, Empfehlung. Welche Empfehlungen Sie Ihrem Unterbewusstsein geben, ist sorgfältig zu überlegen, weil das Unterbewusstsein diese Anweisungen treu und zuverlässig ausführt wie ein Computer. Das ist, was es immer tut. Nur jetzt erfahren Sie, wie Sie die Programme für Ihren Computer nicht mehr dem Zufall überlassen, sondern selbst bestimmen können.

Sind Sie bereit?

■ Waren Sie schon einmal so in knifflige Gedanken oder in ein Buch vertieft, dass Sie die Zeit vergessen oder nicht einmal gehört haben, dass Sie jemand ansprach? Sind Sie schon einmal auf der Autobahn gefahren und haben ein Stück der Strecke gar nicht mitbekommen oder die Abfahrt verpasst? Und ganz bestimmt haben Sie schon aus dem Fenster geschaut oder über das offene Meer und Ihre Gedanken entfernten sich in die Unendlichkeit wie ein Albatros, der mit weit gespannten Flügeln still und gleichmäßig in die Tiefe des Horizonts gleitet... Ja? Dann wissen Sie schon, was Trance ist.

Dieses Buch wird alle Vorbehalte und Ängste auflösen, die Begriffe wie Hypnose, Trance oder Suggestion womöglich bei Ihnen ansprechen. Hypnose ist ein Verfahren, bei dem verschiedene Methoden eingesetzt werden, um einen Zustand ruhevoller Wachheit zu erzeugen, der Trance genannt wird. In diesem Zustand der Trance können dem Unterbewusstsein Anweisungen gegeben werden. Der Fachbegriff dafür ist Suggestion. Das Unterbewusstsein wird diese Anweisungen dann treu und genau und vor allem ungestört durch das Argumentieren und Lamentieren des bewussten Geistes ausführen.

Hypnotherapie ist nur eine Hilfestellung für den Klienten, den Zustand der Trance zu erreichen, denn jede Hypnose ist immer Selbsthypnose. Deshalb ist es auch möglich, diese Hilfestellung in einem Buch zu vermitteln, so dass Sie die Hypnose selbst, also ohne weitere Hilfestellung durch eine andere Person anwenden können. Natürlich verfügt ein ausgebildeter Hypnotherapeut über eine Vielzahl von Kenntnissen und Methoden, die er in der direkten Zweiersituation spontan und individuell zum Einsatz bringen kann. Eine Ausbildung zum Hypnotherapeuten kann ein solches Buch natürlich nicht ersetzen.

Doch Selbsthypnose ist eine gute Möglichkeit, diese faszinierende Methode kennen zu lernen und für alltägliche Problemstellungen selbständig anzuwenden. Sie können sich damit Schritt für Schritt das unbegrenzte Potenzial Ihres unbewussten Geistes in voller Unabhängigkeit selbst erschließen. Bei massiveren Problemen ist es aber ratsam, die Hilfe eines erfahrenen Hypnotherapeuten anzunehmen.

Dieses Buch zeigt Ihnen, wie Sie mit Ihrem unbewussten Geist arbeiten, um Verhaltensweisen, Ängste und andere negative Neigungen zu überwinden. Diese selbstschädigenden Neigungen sabotieren jedes Bemühen um Veränderung und Wachstum. Man hat gute Absichten, ist intelligent und begabt, doch ›irgendwie‹ und ganz unbewusst entstehen Situationen und aus ihnen heraus Verhaltensweisen, die genau das Gegenteil von dem bewirken, was man eigentlich wollte. Kennen Sie das? Indem Sie diese selbstschädigenden Neigungen auflösen, machen Sie den ersten Schritt zu einem neuen und erfüllenderen Selbst.

Wie Sie dabei vorgehen können, zeigt Ihnen dieses Buch. Der Schwerpunkt ist dabei, Sie anzuleiten, wie Sie Ihre eigenen individuellen Selbsthypnosetexte aufzeichnen können und durch angemessene Programmierung Ihres Unbewussten die Kontrolle über Ihr Leben übernehmen, um alle Ihre Ziele zu verwirklichen.

Abwehrmechanismen wie Intellektualisieren, Sublimation, Verdrängung und so weiter sind die Hindernisse für Veränderung. Immer wenn Sie sagen: »Ja, aber...« oder »Ich fange Montag damit an«, geben

Sie diesen Abwehrmechanismen nach. Hypnotherapie unterläuft den natürlichen Widerstand gegen Veränderung und programmiert das Unterbewusstsein neu, um Veränderungen nachhaltig zu bewirken.

In einem Wort, dieses Buch zeigt Ihnen, wie Sie die unbegrenzte Kraft Ihres Unbewussten freisetzen, um bestimmte Ziele zu verwirklichen und Ihr Leben zu verbessern.

Eine kleine Geschichte der Hypnotherapie

■ Schon Medizinmänner, Schamanen und Priester setzten Hypnose ein. Priester im antiken Ägypten und Griechenland nutzten den Trancezustand bei Ihren Heilungen.

Paracelsus (1493–1541) beschrieb den heilenden Einfluss von Astralkörpern und nahm an, dass die Heilung von Krankheiten durch Magnetismus verursacht würde. Im 18ten Jahrhundert begann die Entwicklung der Hypnose zu einer wissenschaftlichen Methode mit dem Heiler Franz Anton Mesmer (1734–1815). Er besuchte den französischen Jesuiten Pater Maximilian Hehl, der Menschen durch Handauflegen heilte. Dabei beobachtete er, dass die Patienten durch die Berührung des Priesters in Trance fielen und wenn sie aufwachten, waren sie von ihren Leiden frei. Daraus leitete er ab, dass irgendeine Art Energie von der Hand des Priesters zu den Patienten gelangen musste.

Mesmer entwickelte daraus sein Konzept des animalischen Magnetismus. Er starrte den Patienten in die Augen und machte mit der Hand oder einem Stab langsame Bewegungen über ihrem Körper. Der Mesmerismus verbreitete sich schnell über die ganze Welt und verschwand erst gegen 1840 wieder aus der therapeutischen Welt. Andere übernahmen die Methode. Der französische Neurologe Jean Martin Charcot (1825–1893) klassifizierte drei Stadien von Trance: lethargisch, kataleptisch und somnambul. Er gab Vorlesungen über Hypnose und einer seiner Zuhörer war Sigmund Freud.

Der schottische Chirurg James Esdail (1808–1859) setzte zwischen 1840 und 1850 in Kalkutta Hypnose zur schmerzfreien Operation ein. Crawford Long berichtet 1849, dass Mesmerismus in den Vereinten Staaten bei Operationen eingesetzt werde. Dr. Long ist durch seine Arbeit mit Äther als Anästhetikum bekannt.

Vater der modernen Hypnose ist der Brite James Braid. Er war anfangs skeptisch, doch nachdem er 1843 in Manchester einer Demonstration des Schweizer Mesmeristen La Fontaine beigewohnt hatte, begann er seine wissenschaftliche Untersuchung der Methode. Braid zog den Schluss, dass die Wirkungen nicht durch magnetisches Fluidum erzielt werden, sondern »allein durch Suggestion angewendet bei einem Probanden, dessen Suggestibilität künstlich erhöht worden war.«

Unglücklicherweise prägte Braid den Begriff Hypnose, abgeleitet vom griechischen *hypnos,* was Schlaf bedeutet. Als er später erkannte, dass Hypnose kein Schlafzustand ist, wollte er die Bezeichnung in Monoideismus ändern, doch der Begriff Hypnose hatte sich schon in der Öffentlichkeit wie in der Wissenschaft eingebürgert. Braids größter Beitrag war die Entdeckung, dass Hypnose ohne formelle Induktion stattfinden kann. Diese Entdeckung wurde länger als ein Jahrhundert ignoriert.

Der eigentliche Begründer der suggestiven Therapie war Liébault dessen Buch »Du Sommeil« 1866 veröffentlicht wurde. Von Liébault ist der Satz überliefert: »Wenn Sie mit Medikamenten behandelt werden wollen, müssen Sie mir ein Honorar zahlen, doch wenn Sie mir gestatten, Sie mit Hypnose zu behandeln, mache ich das umsonst.« Seine Unbescholtenheit, seine Selbstlosigkeit und seine Fürsorge für Bedürftige einerseits und seine Erfolge mit Hypnose andererseits zogen die Aufmerksamkeit des bekannten Neurologen Hippolyte Bernheim aus Nancy auf sich. Er war anfangs skeptisch und wurde später ein nachdrücklicher Befürworter der Hypnose. Gemeinsam entwickelten sie Braids Theorien weiter und behandelten mehr als 12000 Patienten.

Beide betrachteten den Zustand der Hypnose als Funktion oder normales Verhalten. Sie entwarfen die Grundlinien der Suggestion und gingen davon aus, dass damit die Beseitigung von Symptomen so unschädlich wie wirkungsvoll sei.

Die Entwicklung der Hypnose zu einer Wissenschaft wurde vorangebracht, als Bernheim 1886 »De la Suggestion« veröffentlichte, worin er herausstellte, dass Suggestion die Grundlage von Hypnose sei. Seiner Vertrauenswürdigkeit ist zu verdanken, dass Hypnosetherapie Ansehen erlangte.

Um 1880 stelle der Wiener Arzt für Allgemeinmedizin Dr. Breuer eine bedeutende Neuerung in der Hypnotherapie vor, welche die Anwendung von Hypnose weit über das einfache Wegsuggerieren von Symptomen hinausführte. Er hatte zufällig entdeckt, wenn eine Patientin von ihm unter Hypnose angeregt wurde, frei zu sprechen, zeigte sie eine tief greifende emotionale Reaktion, nach der viele Symptome verschwunden waren. Als dieser Fall die Aufmerksamkeit von Freud fand, schloss er sich Breuer an, um die Sache gründlich zu untersuchen, und es gelang ihm, die Wirkungen zu bestätigen. Die Bedeutung dieser Entdeckung liegt darin, dass der Akzent in der Hypnosetherapie von der Beseitigung der Symptome auf die Auflösung ihrer offensichtlichen Ursachen gelegt wurde. Freud wandte sich jedoch später wieder von der Hypnose ab und entwickelte die freie Assoziation und Psychoanalyse.

Der Bedarf an schneller Therapie von Kriegsneurosen während des Ersten und Zweiten Weltkrieges und später des Korea-Konflikts löste ein gewaltiges Interesse an Hypnotherapie aus. Die Verbindung hypnotischer Methoden und Psychiatrie war dabei einer der bedeutendsten Fortschritte.

Inzwischen hat sich Hypnose zu einem wertvollen Werkzeug in Medizin und Psychotherapie entwickelt, ist heute offiziell anerkannt und Teil medizinischer Ausbildung. Zahnärzte, Ärzte, Psychologen und andere aus dem medizinischen Bereich nutzen diese Methode.

Was ist Hypnose?

■ In archaischen Kulturen (und auf der Show-Bühne) ist und war eine Hypnoseanwendung von rituellen Handlungen begleitet. Diese theatralische Inszenierung hat durchaus eine verstärkende Wirkung, kommt uns heute aber wie Hokuspokus vor. Wissenschaftliches Denken hat dazu geführt, dass Hypnose im Verlauf ihrer Entwicklung zu einem objektivierbaren Verfahren geworden ist, um einen bestimmten Bewusstseinszustand herzustellen, der Trance genannt wird. Beide Begriffe werden gern durcheinander geworfen beziehungsweise synonym verwendet, aber *Hypnose* ist die Bezeichnung für das Verfahren, *Trance* für den dadurch zu erreichenden Zustand.

Das Verfahren Hypnose kann von einem Therapeuten auf einen Klienten angewendet werden (Fremdhypnose) oder von einer Person auf sich selbst (Selbsthypnose). Tatsächlich ist aber jede Hypnose eine Selbsthypnose, weil eine Person nicht gegen ihren Willen, sondern im Gegenteil nur mit ihrer aktiven Bereitschaft in Trance versetzt werden kann.

Trance ist ein spezieller Bewusstseinszustand. Es sind vier Hauptbewusstseinszustände zu unterscheiden. Allein durch Messungen körperlicher Zustände wie Hautwiderstand, Atemvolumen, Herzfrequenz, besonders aber der Hirnströme kann eindeutig beschrieben werden, in welchem Bewusstseinszustand sich eine Versuchsperson befindet.

Aus der alltäglichen Erfahrung unterscheiden wir die Bewusstseinszustände Wachen und Schlafen. Im Wachbewusstsein dominieren Hirnströme in einem Frequenzbereich von etwa 14 bis 30 Hertz, der als Beta-Bereich bezeichnet wird. Das Bewusstsein ist auf die Außenwelt gerichtet, bereit zu verarbeiten oder abzuwehren, was auf uns zu kommt. In diesem Zustand haben wir Gedanken und sind uns dessen (mehr oder weniger) bewusst.

Wenn wir weder Gedanken noch Bewusstsein haben, befinden wir uns im Schlafzustand mit Frequenzen von etwa 1 bis 3,5 Hertz, dem Delta-Bereich. Allerdings durchlaufen wir im Schlaf verschiedene Phasen. Delta-Frequenzen treten im Tiefschlaf auf. Wenn wir träumen bewegt sich die Gehirnaktivität im Alpha-Bereich mit etwa 7 bis 14 Hertz. Träume sind Gedanken, derer wir uns nicht bewusst sind.

Bahnbrechend war in den 1970er Jahren die Entdeckung, dass es auch im Wachbereich einen zweiten Zustand gibt, sich durch ruhevolle Wachheit auszeichnet, während sich die Gehirnaktivität im Alpha-Bereich bewegt.

Wenn wir morgens aufwachen, sind wir zunächst im Alpha-Zustand [2] und kommen dann in den Wachzustand (Beta; [1]). Wenn wir umgekehrt abends zu Bett gehen, gleiten wir vom Beta-Zustand in die Trance (Alpha) über, bevor wir einschlafen. Es ist nicht möglich einzuschlafen, ohne zuvor den Alpha-Zustand zu durchlaufen. Das erklärt auch, warum Menschen, die Trance-Erfahrungen gewöhnt sind oder meditieren, wobei auch der Alpha-Zustand erreicht wird, leichter einschlafen können. Sie sind gewohnt, in Trance zu gehen, und haben deshalb keinen Widerstand gegen das

Einschlafen. Wir fallen zunächst in leichten Schlaf und dann in Tiefschlaf (Delta; [4]). Dem folgt eine Traumphase [3]. Diese beiden Zustände wechseln sich im Verlauf der Nacht dann mehrmals ab, bis wir schließlich in den Alpha-Zustand gehen und aufwachen.

Die Beschreibung Bewusstsein ohne Gedanken ist erklärungsbedürftig, weil es ein unmöglicher Zustand scheint. Bewusstsein verbinden wir mit der Vorstellung, ich bin mir eines Sachverhalts bewusst und zwar in Gedanken. Bewusstsein ist aber von gedanklicher Aktivität unabhängig. Bewusstsein ist die glatte Oberfläche des Sees, Gedanken sind die Wellen, die sich auf dem See ausbreiten. Diese Gedankenwellen können aus zwei Richtungen ausgelöst werden. Zum einen von außen: Gedanken werden an uns herangetragen oder im Bild gesprochen, jemand wirft einen Stein in den See. Zum anderen von innen: Gedanken steigen in uns auf wie Blasen, die an der Wasseroberfläche Wellen (Gefühle, Handlungen) auslösen.

Im Wachzustand haben wir beides gleichzeitig. In uns steigen Gedankenblasen auf, die den See in Wallung bringen, und gleichzeitig werden von allen Seiten Steine in den See geworfen, die ebenfalls Wellen erzeugen. Und alle diese Wellen überlagern sich und erzeugen vielfältige Interferenzen, die uns in ein geistiges Chaos versetzen können. Wenn wir die von innen (›unten‹) kommenden Gedankenblasen abstellen können, sind wir frei empfänglich für die Gedanken, die uns zugeworfen werden, und können entsprechend frei und gelassen darauf reagieren.

Im Alltag werden wir gewöhnlich von vielen verschiedenen Gedanken aus der Außenwelt überzogen, die sich verbinden und vermischen, so dass es oft gar nicht leicht ist, Ordnung in die Informationsflut zu bringen. In der Hypnose stellen wir zunächst die stille, glatte Wasseroberfläche her, den Trance-Zustand. Und dann werfen wir ein einziges Steinchen in den See, das wunderbar gleichmäßige, konzentrische Kreise zieht. Das ist die Suggestion. Weil der See so ruhig ist, sinkt die Suggestion ungestört in unser Bewusstsein hinein und wird dort aufgenommen und eingebettet.

Abgespeicherte Gedanken sind uns nicht immer bewusst, doch sie wirken im Bewusstsein. Hier wird gern der Begriff Unterbewusstsein verwendet, als ob es ein Bewusstsein und etwas darunter gäbe. Treffender ist die Bezeichnung Unbewusstsein im Gegensatz zum unbewussten Teil des Bewusstseins. Ziel der Hypnose ist also, die Gedankenaktivität zu beruhigen und möglichst zu stoppen, damit unbehindert und deshalb unverändert und entsprechend wirkkräftig Informationen im Bewusstsein verankert werden können. Indem ein neue, erwünschte Information wieder und wieder eingespielt wird, überschriebt sie eine früher eingelagerte und unerwünschte Information nach und nach, bis sie ganz unwirksam ist.

Das Verfahren Hypnose besteht aus drei Phasen. Zunächst wird der Trance-Zustand induziert, wie es heißt, also der See wird zur Ruhe gebracht. Nach der Induktion folgt die Suggestion: der sorgfältig ausgewählte Stein wird im See versenkt. Und abschließend wird der

Trance-Zustand wieder aufgelöst, was als Ausleitung bezeichnet wird. Alle drei Phasen sind unbedingt notwendig, besonders die Ausleitung sollte man nicht vernachlässigen oder auf die leichte Schulter nehmen.

Die Trance-Erfahrung

■ Hypnose ist ein vollkommen ungefährliches Verfahren, denn sie löst nur einen natürlichen Prozess gezielt aus, den wir ohnehin täglich mehrmals durchlaufen, wenn unser Gehirn in den Alpha-Zustand geht. Man kann beobachten, dass Kinder besonders oft in diesem Zustand sind, je kleiner, desto öfter. Für den Erwachsenen sieht es so aus, als würden sie minutenlang auf einen Gegenstand starren, und es besteht eine starke Neigung, Kinder aus diesem Zustand herauszuholen und sie mit Begriffen wie Träumerchen oder ähnlich zu necken. Woher nur kommt diese Neigung? Vermutlich, weil wir wollen, dass die Kinder wach sind und einen hellwachen Geist bekommen. Die Phasen im Alpha-Zustand sind für das Gehirn jedoch von großer Bedeutung, weil es darin regeneriert und eine höhere Kohärenz (Gleichmäßigkeit der Gehirnwellenmuster) erlangt, also genau den Zustand, von dem wir wollen, dass die Kinder ihn erreichen. Tagträumen oder Dösen, also Phasen im Alpha-Zustand fördern die Entwicklung des kindlichen Gehirns.

Doch nicht nur des kindlichen. Besonders in einer Gesellschaft der Reizüberflutung sind Erholungszeiten für das Gehirn von zentraler Bedeutung. Je gezielter Sie in den Alpha-Zustand gehen können und je länger diese Phasen sind, desto ruhiger, klarer und zielgerichteter, also erfolgreicher wird Ihr gesamtes Denken. Die meisten Menschen sind aber heute so aufgedreht, dass sie nicht zur Ruhe kommen. Dann besteht eine große Neigung, sich mit Alkohol zu narkotisieren. Ich denke, man darf sagen, dass wir in einer alkoholisierten Gesellschaft leben.

Schon geringe Mengen von Alkohol stören die natürliche Rhythmik der Gehirnaktivität. Unter Alkoholeinfluss kann der Alpha-Zustand nicht gehalten werden und kippt schnell nach Delta. Durch Entzug des Alpha-Zustands wird das Denken auf Dauer stumpf, wirr und triebhaft.

Ein anderer weit verbreiteter Tranquilizer ist das Fernsehen. Fernsehen wirkt wie Autobahnfahren hypnotisierend. Je länger man vor dem Fernseher sitzt, desto mehr gleitet man in Trance und desto geringer wird die Bereitschaft, das Gerät auszuschalten. Diese Beobachtung können Sie gewiss bestätigen. Tatsächlich schlafen nicht wenige vor dem Fernsehen ein. Einmal in Trance, ist der Übergang in den Schlaf leicht. Allerdings ist die energetische Wirkung des Fernsehens nicht sehr bekömmlich. Die Zusammenhänge können an dieser Stelle nicht weiter diskutiert werden. Die Frequenz, die das Gerät aussendet, überlagert das elektromagnetische Feld unsers Körpers.

Ein anderer, sehr bedenklicher Faktor kommt hinzu, den Sie im Verlauf dieses Buchs und mit mehr Erfahrungen mit Hypnose in seiner Tragweite noch viel besser werden verstehen können. Trance ist ein Zustand ruhevoller Wachheit, in dem die Verteidigungsmechanismen des Geistes* weitgehend außer Kraft gesetzt sind. Das heißt, die Botschaften, die im Zustand der Trance aufgenommen werden, sinken direkt und unkontrolliert ins Unterbewusstsein und prägen dort unser künftiges Verhalten. Da liegt es nahe, dass die Produktwerbung über das Fernsehen besonders wirksam ist, zumal die Werbe-Macher sich natürlich Methoden und Techniken angeeignet haben, den Betrachter durch die visuellen und akustischen Reize im Werbe-Spot zusätzlich in der Trance zu vertiefen. Noch bedenklicher ist, dass dieser Effekt natürlich auch in Spielfilmen wirkt. Gewaltszenen zum Beispiel, die in Trance gesehen werden, oder der Umgang mit Sexualität, versenken sich direkt und ungefiltert ins Unterbewusstsein und bestimmen künftig die Richtlinien des Verhaltens. Besonders nachhaltig wirkt das natürlich bei einem jungen Gehirn, dass noch in der Entwicklung ist. Die hohe und immer höhere Gewaltbereitschaft und sexuelle Verrohung nicht nur der Jugend sind damit zu erklären.

Wie gesagt, Hypnose ist ein ungefährliches Verfahren, doch was im Zustand der Hypnose aufgenommen wird, die Suggestion, muss wohl bedacht sein. Damit werden wir uns noch ausführlich beschäftigen. Und wir sind auch nicht ausgeliefert. Je vertrauter man mit

*Perceptive Defense, selektive Wahrnehmung, rationale Kontrolle etc.

dem Zustand der Trance ist und wenn man die Macht der Suggestion kennt, kann man sich gegen negative oder ungewollte Suggestionen besser verwehren. Man durchschaut die Tricks der Werbung oder setzt sich bestimmten Bildern erst gar nicht mehr aus. Es ist möglich wegzuschauen! Und (fast) alle Fernsehapparate haben einen Aus-Knopf.

Mehr oder weniger bewusst setzen wir alle im Alltag Hypnose ein, besonders zur Verführung. Den Verkäufer, der die Kundin so bezaubert, dass sie etwas kauft, was sie gar nicht braucht, gibt es kaum noch, doch die Fernsehwerbung tut nichts anderes, nur viel ausgefeilter. Auch eine Frau, die einen Mann mit ihrem Liebreiz betört, versetzt ihn in Trance. Er wird willenlos wie ein Tor, deshalb auch »betören«. Wer die Tricks der Verführer kennt, kann ihren Fängen entgehen – oder sich ganz bewusst der Trance der Verführung hingeben.

Der Zustand der hypnotischen Trance ist körperlich und geistig sehr angenehm. Der Geist ist ruhig und deshalb viel fokussierter und die Körpermuskulatur ist entspannt. Manche Menschen fühlen ein Strömen, andere Wärme oder Kribbeln, die meisten eine gewisse Schwere, besonders in Armen und Beinen. Die körperliche Entspannung führt zu einer Neigung der Unbeweglichkeit. Man könnte jederzeit jeden Körperteil bewegen, doch in Trance möchte man es nicht und tut es deshalb auch nicht. Konzentration, Entspannung und Regungslosigkeit sind die Hauptmerkmale der Trance. Die Folge davon ist eine verstärkte sensorische und mentale Empfänglichkeit.

Stufen der Trance

■ Wissenschaftler definieren heute fünfzig verschiedene Stufen von Trance. Hier sollen nur drei unterscheiden werden. In leicht genannter Trance ist der Patient entspannt und merkt vermutlich nicht, dass er oder sie hypnotisiert ist. Obwohl in diesem Zustand eine Rückführung in früher erlebte Situationen möglich ist, bleiben die Informationen, die man bekommt, skizzenhaft. Für die Arbeit an Ängsten, Gewohnheiten, Depressionen und Ähnlichem ist dieser Zustand nur begrenzt hinreichend. Leichte Trance bietet aber tiefe mentale und körperliche Entspannung und Regeneration und erlaubt einfache Suggestionen. 95 bis 98 Prozent aller Menschen können diesen Zustand erreichen.

Der zweite Zustand wird mittlere Trance genannt. Man ist in diesem Zustand wesentlich entspannter und kann komplexere Suggestionen annehmen. Man nimmt die Umgebungsgeräusche wahr, wird von ihnen jedoch nicht abgelenkt. Mehr als 80 Prozent können diesen Zustand erreichen.

Der dritte Zustand wird tiefe oder somnambule Trance genannt. Nur etwa fünf Prozent aller Menschen können ihn erreichen. Eines seiner Merkmale ist die Hypnoamnesie, man erinnert sich also nicht daran, was in der Trance geschehen ist, wenn es nicht beim Aufwecken ausdrücklich angewiesen wird. Positive Halluzinationen (etwas sehen, das nicht da ist) und negative (etwas vorhandenes nicht sehen) sind ebenfalls Merkmale tiefer Trance.

Doch selbst in diesem tiefen Zustand kann kein Patient dazu gebracht werden, etwas zu sagen oder zu tun, das gegen seine oder ihre Moralvorstellungen verstößt. Eine hypnotisierte Person steht niemals unter irgendjemandes Kontrolle als ihrer eigenen.

Davis und Husband haben eine Bewertungsskala für Trance-Zustände zusammengestellt.

Tiefe	Wert	Kennzeichen
unempfänglich	0	
hypnoid	2	Entspannung
	3	Lidflattern
	4	Schließen der Augen
	5	vollständige physische Entspannung
leichte Trance	6	Augenstarre
	7	Gliederstarre
	10	rigide Starre
	11	Anästhesie
mittlere Trance	13	Teilamnesie
	15	posthypnotische Anästhesie
	17	Persönlichkeitsveränderungen
	18	einfache posthypnotische Suggestionen
	20	Muskelstarre, vollständige Amnesie
somnambule (tiefe) Trance	21	die Augen können geöffnet werden, ohne dass es die Trance berührt
	23	ausgefallene posthypnotische Suggestionen
	25	vollständig somnambul
	26	positive visuelle Halluzinationen

Fast jeder kann zumindest in leichte Trance versetzt werden. Am besten geeignet sind im Gegensatz zur allgemeinen Meinung intelligente Menschen, die ein gutes Gedächtnis haben, Ihre Aufmerksamkeit fokussieren, Szenen mit großem Detailreichtum visualisieren und Gefühle leicht ausdrücken können, die nicht überkritisch sind und die zu einem Vortrag oder in einen Film gehen können und dabei so mitgerissen werden, dass die Zeit nur so verfliegt.

Kinder sind besonders im Alter zwischen acht und sechzehn Jahren wegen ihrer Vorstellungskraft, ihrem Vertrauen und dem Mangel an mentalem Widerstand und Skepsis besonders geeignet. Kinder ab fünf Jahren können von speziell ausgebildeten Therapeuten mit Hypnotherapie behandelt werden.

Die schwierigsten Hypnosepatienten haben eine kurze Aufmerksamkeitsspanne, neigen dazu, sich der Vergangenheit zuzuwenden statt der Gegenwart, sind überkritisch, argumentieren statt zu fühlen, haben begrenzte Intelligenz und große Schwierigkeiten loszulassen.

Geistige Einschränkung, Senilität, Gehirnschäden und die Unfähigkeit, die Sprache des Therapeuten zu verstehen, verhindern natürlich ebenfalls die Induktion einer hypnotischen Trance.

Eine Hürde, die Segnungen der Hypnose zu nutzen, sind für viele Menschen eine ganze Reihe falscher Vorstellungen bezüglich Hypnose und davon abgeleitete Ängste, die keinerlei Grundlage haben. Hier einige der verbreitetsten.

◆ Der Irrtum der Gedankenkontrolle. Niemand kann gegen seinen oder ihren Willen in hypnotische Trance versetzt werden. Selbst ein begnadeter Hypnotherapeut ist auf die Kooperation des Patienten angewiesen, um Trance zu induzieren. Die einzige Person, die in der Lage ist, das Unterbewusstsein des Patienten zu kontrollieren, ist der Patient selbst. Jede Hypnose ist Selbsthypnose und ein natürliches Phänomen.

◆ Die Angst, in Trance würde man seine Geheimnisse preisgegeben. Wenn der Patient sie nicht aufdecken will, wird die Information in seinem Unterbewusstsein verborgen bleiben. Psychologen sagen: »Das Ego kann nicht ausgeschaltet werden.« Wenn Sie sich beispielsweise in einer Rückführung in der Vergangenheit in einer peinlichen Situation wahrnehmen, nehmen Sie die Szene zwar geistig wahr, doch Sie sind nicht gezwungen, das auszusprechen, selbst wenn Sie in sehr tiefer Trance sind.

◆ Die Angst, nicht aus der Hypnose zurückgeholt zu werden. Trance ist ein natürlicher Zustand, den unser Geist jeden Tag mehrfach durchläuft. Wir sind in der Lage, uns selbst in Trance zu versetzen, und wir kommen ganz natürlich und selbständig aus diesem Zustand zurück. Deshalb kann ein Patient die hypnotische Trance zu jedem Zeitpunkt von sich aus beenden. Verliebtheit ist ein Zustand besonders intensiver und lange anhaltender Trance und Sie wissen vermutlich nur zu gut, dass Sie selbst aus dieser Trance noch jedes Mal erwacht sind. Der Patient braucht den Hypnotherapeuten nicht, um aus der Trance herauszukommen. Der Therapeut bestimmt nur den organisatorischen Rahmen und gestaltet das »Zurückkommen« so sanft wie möglich.

◆ Die Befürchtung, sich hinterher nicht an die Suggestionen zu erinnern. Sofern Sie nicht zu den fünf Prozent gehören, die zur somnambulen Trance fähig sind, erinnern Sie sich hinterher an alles, was während der Hypnose geschehen ist, auch die Suggestion. Wenn eine sehr tiefe oder gar somnambule Trance erreicht wird, kann die posthypnotische Suggestion gegeben werden, also eine Suggestion, die nach dem Ende der Trance wirkt, dass Sie sich nach der Ausleitung an alles erinnern, was Sie erlebt haben.

Wenn ein Patient von einem Hypnotherapeuten behandelt wird und in der Trance besonders traumatische Themen angesprochen werden, die ihn emotional stark erregen, kann es sein, dass es der Therapeut für angezeigt hält zu suggerieren, dass sich der Patient nicht erinnert, was er oder sie in der Trance erlebt hat (Hypnoamnesie), um ihn oder sie zu schützen. Doch selbst dann erinnert sich der Patient schließlich, dann nämlich, wenn die posthypnotische Suggestion nach etwa vier bis zehn Tagen verblasst.

Die Wohltaten, die man durch Hypnose erlangen kann, sind vielfältig. Ein paar davon sind:

◆ Lösung körperlicher und geistiger Verspannungen
◆ geschärfte Konzentration
◆ verbessertes Gedächtnis
◆ schnellere Reflexe
◆ größeres Selbstvertrauen

- Schmerzkontrolle
- verbesserte Sexualität
- bessere Organisiertheit und Effizienz
- verstärkte Motivation
- bessere zwischenmenschliche Beziehungen
- Verzögerung des Alterungsprozesses
- Unterstützung der Karriere
- Beseitigung von Ängsten und Depression
- Verarbeitung von Trauerfällen
- Heilung von Kopfschmerzen einschließlich Migräne
- Heilung von Allergien und Hautproblemen
- Stärkung des Immunsystems
- Beseitigung von Neigungen, Phobien und anderen schädlichen Tendenzen
- verbesserte Entscheidungskraft
- Verbesserung der allgemeinen Lebensumstände
- Stärkung der Fähigkeit, Geld zu verdienen und zu halten
- Überwindung obsessiven Verhaltens
- Überwindung von Schlaflosigkeit

GRUND

LAGEN

Sich selbst in Trance versetzen

■ Kulturen unterschiedlicher Epochen haben vielfältige Methoden entwickelt, sich in Trance zu versetzen. Die ursprünglichste ist wahrscheinlich das rhythmische Trommeln, Singen und Tanzen. Die Wirksamkeit dieser körperorientierten Methode kann noch heute in jeder Diskothek beobachtet werden. Am anderen Ende der Skala, im mentalen Bereich, findet sich die Meditation, die ohne jeglichen Stimulus von außen auskommt.

Die heute verwendete Hypnotherapie ist ebenfalls mental orientiert, arbeitet aber mit einer äußeren Führung, einem gesprochenen Text, der geeignet ist, den gewillten Hörer in die Trance zu geleiten. So wie man sich auch durch mentales Wiederholen eines Mantras in Trance versetzen kann, kann man theoretisch den Hypnosetext auswendig lernen und sich mental vorsprechen. Praktikabler ist es wohl aber, den Text zuvor aufzuzeichnen und sich dann bei Bedarf vorzuspielen.

Die erste Phase der Hypnose ist die Trance-Induktion. Hierfür finden Sie im Folgenden mehrere vorbereitete Texte, die Sie unverändert aufsprechen oder nach eigenen Bedürfnissen abändern können. Experimentieren Sie ein wenig, um herauszufinden, welche Induktion Ihnen am besten liegt. Diese können Sie dann künftig für alle Hypnose-Aufzeichnungen verwenden, die Sie sich zusammenstellen. Es ist nicht notwendig, die Induktion laufend zu wechseln, sie nutzt sich nicht ab. Im Gegenteil, je öfter Sie die Induktion hören, desto eleganter wird sie Sie in Trance geleiten.

Zunächst ist also nur wichtig, wie Sie eine solche Aufzeichnung sprechen. Später werden wir uns auch mit den Formulierungen beschäftigen, denn wenn Sie Ihre eigenen Suggestionen aufzeichnen wollen, müssen Sie wissen, wie man am besten mit dem Unbewussten redet.

Um den Erfolg der Methode zu gewähren und damit Sie eine gute Erfahrung machen, ist eine angemessene Vorbereitung erforderlich. Sorgen Sie dafür, dass Sie nicht gestört werden. Sagen Sie Mitbewohnern Bescheid und stellen Geräte ab, die ein Signal geben (Handy etc.). Lüften Sie gründlich und sorgen dafür, dass keine (Ihnen) unangenehme Gerüche in der Atmosphäre hängen. Schließen Sie die Fenster, wenn es Straßenlärm gibt. Den meisten ist es auch angenehm, wenn das Licht im Raum etwas gedämpft ist. Es sollte angenehm warm sein. Weil durch die Entspannung der Stoffwechsel sinkt, kann man schnell frösteln, was der Trance nicht gut tut.

Bereiten Sie sich einen bequemen Platz. Viele lieben es, die Selbsthypnose im Bett oder auf einer Couch liegend zu machen. Ein Sessel und eventuell ein Hocker, um die Beine hochzulegen, ist empfehlenswerter, weil der Organismus gewohnt ist einzuschlafen, wenn wir uns hinlegen. Besonders wenn Sie körperlich erschöpft sind, werden Sie also eher einschlafen. Ein Ruhesessel löst diese Assoziation nicht aus und ist für den Körper oft sogar bequemer.

Versorgen Sie Ihren Körper mit hinreichend Flüssigkeit. Am besten trinken Sie vor der Hypnose ein Glas Wasser und gehen ins Bad. Lockern Sie Ihre Garderobe, Gürtel und Krawatte oder ziehen Freizeitkleidung an. Ziehen Sie Straßenschuhe aus. Am besten tragen Sie während der Hypnose nur Strümpfe oder besser noch sind barfuß. Sie sollten sich wirklich rundum bequem fühlen und die Kleidung nicht spüren. Legen Sie auch größeren Schmuck aus Metall wie Ketten, Broschen oder Gürtelschnallen ab.

Stellen Sie das Abspielgerät in Reichweite, damit Sie es bedienen können, ohne aufzustehen. Wenn Sie Lautsprecher verwenden, testen Sie zuvor die eingestellte Lautstärke. Wenn Umgebungsgeräusche nicht hinreichend abgestellt werden können, ist die Verwendung schalldämmender Kopfhörer hilfreich. Legen Sie Papiertaschentücher bereit und Schreibzeug oder ein Diktiergerät, falls Sie Ihre Erfahrungen festhalten wollen. Setzen Sie sich in Ihren Sessel, wie es für Sie bequem ist, und decken sich mit einer Decke zu.

Los geht's

■ Nach all der Theorie ist es gut, wenn Sie jetzt mit der Praxis beginnen. Tun Sie es noch heute! Schieben Sie es nicht auf. Für den Anfang schlage ich Ihnen eine sehr einfache Übung vor, die Sie im Bett liegend direkt vor dem Einschlafen machen. Die Übung hilft Ihnen nicht nur, mit dem Zustand der Trance vertraut zu werden, sie ist generell ein guter Abschluss für den Tag, ganz gleich, wie er ausgesehen hat. Wenn Sie Schwierigkeiten mit dem Einschlafen haben, wird Ihnen diese kleine Übung viel Last abnehmen. Sie können die Erfahrungen und Belastungen des vergangenen Tages abstreifen und werden deshalb auch ruhiger schlafen und weniger aufwühlende Träume haben. Meine Empfehlung lautet, machen Sie diese Übung so lange jedes Mal vor dem Einschlafen, bis Sie so entspannt und geübt sind, dass Sie sofort einschlafen, wenn Sie sich nur ins Bett legen und einmal umdrehen.

Legen Sie sich auf den Rücken. Achten Sie darauf, dass Ihr Kopf gut gebettet ist und sich der Nacken nicht verspannt. Legen Sie die Arme locker neben den Körper. Die Beine sind ausgestreckt und nicht überkreuzt. Schließen Sie die Augen und atmen ein paar Mal ganz bewusst tief ein und vollständig aus. Denken Sie beim Einatmen: »Ein«, und beim Ausatmen: »Aus«, das hilft Ihrem Geist, bei der Sache zu bleiben.

Die Übung selbst ist so einfach, dass Sie keine Anleitung durch eine Stimme benötigen. Nehmen Sie zunächst den großen Zehen eines Fußes, zum Beispiel des rechten Fußes wahr. Wahrnehmen heißt, Sie senden Ihre Aufmerksamkeit in den rechten Zeh und fühlen ihn. Es kann sein, dass Ihnen das Anfangs nicht ganz leicht fällt. Strengen Sie sich nicht an. Lenken Sie Ihre Aufmerksamkeit in den rechten Zeh so gut es geht. Gehen Sie dann mit der Aufmerksamkeit durch die anderen Zehen bis zum kleinen Zeh, nehmen dann die Fußsohle wahr, den Spann, den Enkel, gehen mit der Aufmerksamkeit den Unterschenken hinauf über die Wade bis zum Knie und weiter den Oberschenkel hoch bis zur Leiste und zur Hüfte.

Richten Sie Ihre Aufmerksamkeit nun auf den linken Zeh, führen sie über die Zehen, die Fußsohle, den Spann, den Enkel, die Wade hinauf bis zum Knie, über den Oberschenkel zur Leiste und zur Hüfte.

Nun ruht Ihre Aufmerksamkeit auf dem Becken, wandert über den Unterbauch durch die Eingeweide zur Brust und ruht auf dem Herzen.

Nun geht Ihre Aufmerksamkeit zum linken Daumen, über die Finger bis zum kleinen Finger, über die Handfläche und den Handrücken zum Handgelenk, den Unterarm hinauf zum Ellenbogen und über den Oberarm zum linken Schultergelenk.

Auf die gleiche Weise geht es dann vom rechten Daumen über die Finger, Handfläche, Handrücken und Handgelenk zu Unterarm, Ellenbogen und Oberarm bis zum rechten Schultergelenk.

Nun nehmen Sie die ganze Breite der Schultern wahr, gleiten über die Schulterblätter an den Körperseiten bis zum Po und wandern dann Wirbel für Wirbel die Wirbelsäule empor bis zum Nacken, über das Hinterhaupt und den Scheitel zur Stirn, umkreisen die Augen wie eine Brille, gleiten über den Nasenrücken, umkreisen die Wangen, nehmen den Mund wahr, gleiten über das Kinn zur Kehle und über das Brustbein zum Herzen.

Verweilen Sie mit Ihrer Aufmerksamkeit eine kleine Weile beim Herzen (in der Mitte der Brust).

Die Übung ist einfach zu merken, weil Sie alle Teile des Körpers der Reihe nach durchgehen. Und wenn Sie eine etwas andere Reihenfolge wählen, ist das genauso gut. Wenn Sie die Übung machen, gibt es mehrere Möglichkeiten. Eine ist, dass Sie dabei einschlafen. Lassen Sie es zu. Viele können nicht einschlafen, wenn sie auf dem Rücken liegen. Wenn Sie also den Drank spüren, sich auf die Seite zu rollen, geben Sie dem nach und schlafen ruhig ein. Wenn Sie sich auf die Seite rollen und doch nicht einschlafen, legen Sie sich wieder auf den Rücken und machen mit der Übung weiter beziehungsweise fangen von vorne an.

Eine andere Erfahrung ist, dass sich Gedanken einstellen. Besonders wenn Sie die Übung schon einige Male gemacht haben und sie sozusagen von selbst abläuft, kann es sein, dass Sie auf einmal feststellen, dass ihre Aufmerksamkeit zwar den Körper durchgeht, Sie gleichzeitig aber mit anderen Gedanken beschäftigt sind. Das ist in Ordnung. Diese Gedanken werden Ihren Schlaf nicht mehr stören. Aber wenn Sie feststellen, dass Sie andere Gedanken denken, richten Sie Ihre Aufmerksamkeit wieder in den Körper. Es ist nicht nötig, dass Sie sich anstrengen, dass Sie sich konzentrieren, um die Aufmerksamkeit *partout* beim Körper zu halten. Machen Sie die Übung leicht und entspannt. Es ist durchaus ein Zeichen ihrer Wirksamkeit, wenn sich Gedanken einstellen, doch wenn Sie es bemerken, ist die Zeit gekommen, die Aufmerksamkeit wieder in den Körper zu lenken.

Wenn Sie einen sehr belastenden Tag hatten oder generell sehr angespannt sind, sollten Sie die Übung mehrmals hintereinander durchlaufen. Wenn Sie beim Herzen angekommen sind, verweilen Sie dort einen Moment und fangen dann wieder bei den Zehen an. Am besten machen Sie die Übung so lange, bis Sie einschlafen. Das ist auf jeden Fall besser, als sich im Bett und in endlosen Gedanken zu wälzen. Wenn Sie einige Übung haben und etwas entspannter sind, wird es meist genügen, die Übung einmal zu durchlaufen. Gute Nacht!

Eine Selbsthypnose vorbereiten

■ Es ist vergleichsweise leicht möglich, sich selbst in Trance zu versetzen, zum Beispiel mit schamanischem Trommeln. Das Ziel dabei ist, auf eine schamanische Reise zu gehen. Man öffnet sich im Zustand der Trance der sogenannten Anderswelt und lässt die Erfahrungen auf sich zukommen, die in diesem Zustand freigesetzt werden. Man kann es auch als eine Art bewussten Wachträumens beschreiben. So kann man Botschaften vom Unterbewusstsein bekommen, meist in symbolischer, bildhafter Form, die man später deuten kann.

Das ist wesentlich ein passives Verfahren, man lässt die Bilder auf sich zukommen. Wir wollen jedoch die Programmierung des Unterbewusstseins ändern, also ihm aktiv etwas übermitteln. Deshalb brauchen wir Anweisungen, die uns von außen erreichen, während wir in der Trance den Zugang zum Unterbewusstsein geöffnet halten. Diese Anweisungen kommen bei der Fremdhypnose vom Hypnotherapeuten, bei der Selbsthypnose spielen wir sie uns von einem Tonträger vor, den wir zuvor selbst aufgenommen haben. Nur wer sehr geübt ist, kann sich in Trance versetzen und sich dann die Suggestion in Gedanken auswendig hersagen oder frei formulieren, besonders wenn die Suggestion nur kurz ist.

Vermutlich kennen Sie käufliche Selbsthypnose-CDs. Sie sind preiswert und ermöglichen Ihnen, die Methode in der privaten Atmosphäre und Bequemlichkeit Ihres Heims anzuwenden. Für erste Erfahrungen mit Selbsthypnose sind solche ›Konserven‹ gut geeignet, doch Sie können viel wirksamer sein, wenn Sie sich einen Text vorspielen, der genau auf Ihre persönlichen Bedürfnisse zugeschnitten ist.

Im ersten Moment mag es so aussehen, als würde es einen unüberwindlichen Aufwand bedeuten, eigene Tonaufzeichnungen für die Selbsthypnose anzufertigen. Sie denken, es wird besondere Fähigkeiten und viel Zeit erfordern, die Sie nicht haben. Doch das stimmt tatsächlich nicht.

Mit nur wenig Übung braucht die Aufzeichnung eines Textes für die Selbsthypnose nicht viel länger als die Hypnosesitzung dauern soll, also etwa zwanzig bis dreißig Minuten. Die Hypnose beginnt mit einer Induktion (Einleitung) und endet mit einer Ausleitung. Dafür können Sie grundsätzlich die immer gleichen Aufzeichnungen verwenden, so dass Sie also nur den mittleren Teil, den Kern mit den »Programmanweisungen« jeweils neu sprechen müssen, und das sind vielleicht zehn, fünfzehn Minuten, Induktion und Ausleitung können Sie hinzukopieren. Also können Sie in maximal einer halben Stunden einen Tonträger herstellen, den Sie dann über einige Wochen immer wieder für Ihre Hypnose-Übung verwenden können.

Der Vorteil bei diesem Verfahren ist neben der Unabhängigkeit von Personen und Terminen, dass Sie immer mehr über die Kunst der Hypnose lernen und nach Ihren eigenen Bedürfnissen, Einsichten und Lebensrhythmen voranschreiten können.

Um Ihre individuelle Aufzeichnung zu machen, brauchen Sie also eine Trance-Induktion. Dafür können Sie einen der Texte auswählen, die Sie weiter unten finden. Mit den fertig formulierten Textbeispielen können Sie sofort loslegen.

Dann brauchen Sie einen Text, für die Verwirklichung eines bestimmten Ziels. Das ist der eigentliche Kern des Verfahrens. Ziele von Menschen sind sehr individuell. Deshalb müssen wir uns mit diesem Teil umfänglicher beschäftigen. Sie finden aber auch für eine ganze Reihe von weit verbreiteten Problemen fertige Texte, die Sie so verwenden oder Ihren Bedürfnissen entsprechend anpassen können. Es empfiehlt sich, dass Sie zunächst mit vorgefertigten Texten üben, um sich mit der Vorgehensweise vertraut zu machen. Sicher wird es etwas mehr Arbeit machen, Ihren ersten eigenen Text zu schreiben und dabei die Empfehlungen, die weiter unten dafür gegeben werden, zu berücksichtigen und kreative Formulierungslösungen zu finden. Es macht Spaß, ein Programm für das Unterbewusstsein zu schreiben. Und indem Sie Ihre eigenen Programme bei sich selbst anwenden, lernen Sie schnell hinzu, was für Sie wie angenehm und wirkungsvoll ist. So werden

Sie bald zum versierten Trance-Texter und neue Skripte werden Ihnen immer leichter aus der Feder fließen.

Schließlich brauchen Sie noch eine Trance-Ausleitung. Dies ist der simpelste Teil des Verfahrens. Auch hierfür finden Sie Anregungen und fertige Texte vor.

Sprechprobe

■ Der größte Fehler, den Vorleser machen, ist ein zu schnelles Tempo. Grund dafür ist natürlich Nervosität, die durch den Druck ausgelöst wird, etwas abliefern zu müssen. Zu schnelles Sprechen führt zu undeutlicher Aussprache und die strengt den Zuhörer an, weil er damit beschäftigt ist, zu verstehen, was er hört. Anstrengung in jeglicher Form ist der Trance abträglich.

Zu schnelles Sprechen ist unmelodisch und hektisch, das beunruhigt den Geist und hält ihn davon ab, in Trance zu gehen. Wir denken in Bildern, nicht in Wörtern. Der Geist übersetzt die gehörten Wörter in Bilder, bevor wir sie wirklich verinnerlichen können. Dafür braucht der Geist Zeit. Wird zu schnell gesprochen, rauschen nur die Wörter am Ohr vorbei und es entstehen keine Bilder. Dann ist es sehr anstrengend, das Gehörte aufzunehmen, ähnlich wie bei abstrakten Inhalten, für die es keine Bilder gibt, eine mathematische Formel zum Beispiel.

Langsames Sprechen bewirkt gewöhnlich auch, dass leiser gesprochen wird. Lautes Sprechen sollte grundsätzlich vermieden werden. Sprechen Sie ruhig und gleichmäßig mit deutlicher Betonung, der Rhythmus sollte bedächtig, der Tonfall sanft sein. Trotzdem kann es manchmal sinnvoll sein, etwas schneller zu sprechen. Die Abwechselung sorgt dafür, dass der Geist nicht abschweift.

Sprechen Sie so langsam, dass jedes Wort erblühen kann und machen Sie an entscheidenden Stellen eine kleine Pause, damit das gemalte Bild in den Geist einsinken kann. Bei einem Trance-Text sind die Pausen besonders wichtig, weil der Geist mit den Bildern in die Trance sinkt. In den Trance-Texten dieses Buchs sind kleine Pausen durch eine Ellipse (...) angezeigt. Wenn eine längere Pause sinnvoll ist, wird eine entsprechende [Regieanweisung] gegeben.

Die richtige Länge für die Pause zu finden, erfordert etwas Erfahrung und viel Feingefühl. Grundsätzlich ist es so, dass wir nicht ununterbrochen Gedanken denken, vielmehr ist zwischen zwei Gedanken immer eine kleine Lücke. Wenn unser Kopf »voller Gedanken« ist, sind die Lücken nur so kurz, dass wir sie gar nicht bemerken. Je ruhiger man ist, und durch die Trance-Induktion werden Sie ruhiger und ruhiger, desto länger werden die leeren Stellen zwischen den Gedanken. Die Kunst der Pause besteht nun darin, nach dem letzten Wort (Gedanken) so lange zu warten, wie der Geist des Zuhörers leer bleibt, und dann weiterzusprechen, bevor ein anderer Gedanke bei ihm aufsteigt. Je mehr Erfahrung Sie mit der Trance sammeln, desto besser können Sie sich beim Aufzeichnen eines Textes in die

Trance einfühlen und dann können Sie selbst spüren, wie lang die Pause sein kann. Bis dahin machen Sie es einfach so, dass Sie stumm zählen: »Einundzwanzig, zweiundzwanzig, dreiundzwanzig« und dann weitersprechen.

Genauso wichtig ist es, bestimmte Wörter zu betonen. Tatsächlich gehen Betonung und Pause gewöhnlich einher, indem ein Wort durch Betonung hervorgehoben wird und dann eine kleine Wirkungspause folgt. Hervorgehoben werden Wörter nicht nur wegen ihrer inhaltlichen Bedeutung sondern auch, um die Trance-Wirkung zu verstärken. In den Trance-Texten dieses Buchs sind Wörter, die extra betont werden sollten, **fett** gestellt.

Neben dem langsamen Sprechen ist die Melodie des Gesprochenen von Bedeutung. Sie werden feststellen, dass in Trance-Texten oft Wiederholungen vorkommen. Was die bewirken, damit werden wir uns noch beschäftigen. Jetzt ist erst einmal zu betrachten, wie sie gesprochen werden sollten. So sollte der Text: »Mein Blick wird weiter und weiter und weiter«, nicht runtergerattert sondern etwa so gesprochen werden: »Mein Blick wird weiter *[Pause]* und weiter *[Pause]* und weiter«, wobei sich die Stimme nach jeder Pause ein wenig mehr absenkt, als würde sie eine Treppe hinabsteigen: »weiter... und weiter... und weiter...«

Langsam sprechen, an entscheidenden Stellen kleine Pausen machen und mit der Rhythmik malen sind die Eckpfeiler gesprochener Trancen. Machen Sie eine kleine Übung, um ein Gefühl dafür zu bekommen. Sprechen Sie laut oder auch nur im Geiste: »schwingt… und schwingt… und schwingt… und«, immer weiter. Malen Sie mit Ihrer Stimme dieses Schwingen und stellen sich dabei vor, dass Sie eine liegende Acht beschreibt. Sie können diese liegende Acht auch ganz leicht mit dem Kopf beschreiben, während Sie sprechen: »und schwingt… und schwingt… und schwingt… und«. Machen Sie das immer weiter. Schließen Sie die Augen dabei, bewegen leicht den Kopf und sprechen oder murmeln: »und schwingt… und schwingt… und schwingt… und«. Schon nach einer halben Minute wissen Sie, wo entlang es Richtung Trance geht.

Wenn Sie wegen des Sprechens unsicher sind, machen Sie eine Probeaufzeichnung mit einem beliebigen Text aus diesem Buch. Ein paar Minuten genügen. Hören Sie sich die Aufzeichnung an. Machen Sie hinreichend Pausen an den richtigen Stellen? Sie hören es ganz genau! Sprechen Sie melodisch? Dann vermittelt es ein wohliges Gefühl. Sprechen Sie langsam genug? Dann werden Sie beim Zuhören ruhiger.

Wenn Sie mit dem Tempo Probleme haben, beschaffen Sie sich ein Metronom. Experimentieren Sie mit der Taktfrequenz so lange, bis Sie einen Takt gefunden haben, den Sie angenehm finden. Er sollte langsam sein, doch wenn er zu langsam ist, kann uns das auch stressen. Finden Sie also *Ihre* Taktfrequenz heraus und dann stellen Sie das Metronom noch eine klitzekleine Nuance langsamer. Lesen Sie laut einen Text zum Takt des Metronoms. Gewöhnen Sie sich an dieses Lesetempo, dass Ihnen das Metronom vortaktet.

Beginnen Sie damit, eine Induktion aufzuzeichnen, die Sie im folgenden Kapitel finden. Wenn ein Hypnotherapeut die Hypnose leitet oder wenn Sie eine käufliche Hypnose-Aufzeichnung abspielen, werden Sie von einem Anderen angesprochen und es wird beispielsweise heißen: »Stellen Sie sich vor, Sie liegen auf einer weiten Wiese.« Wenn Sie den Text selbst aufsprechen geht das natürlich nicht, Sie können sich ja nicht selbst mit Sie oder Du ansprechen. Sie werden also sagen: »Ich stelle mir vor, ich liege auf einer weiten Wiese.« Deshalb sind alle Texte in diesem Buch in Ich-Form verfasst. Falls Sie aus irgendeinem Grund eine andere Person bitten, die Texte für Sie einzuspielen, oder wenn Sie sie für jemand anderen aufsprechen, müssen Sie zuvor in die Sie- beziehungsweise Du-Form umgeschrieben werden.

Trance-Induktion

■ Die Trance-Induktion führt Sie vom Alltagsbewusstsein in den Trance-Zustand. Viele Menschen haben einen mehr oder weniger bewussten inneren Widerstand dagegen, ähnlich wie es vielen schwer fällt, in der Öffentlichkeit die Augen zu schließen. Warum? Wir fürchten, die Kontrolle aufzugeben und sie zu verlieren. Und das ist der große Vorteil der Selbsthypnose: Es ist niemand da, an den wir die Kontrolle verlieren könnten. Wenn wir allein sind, fällt es uns leicht, die

Augen zu schließen. Wenn wir allein sind, fällt es uns auch leichter, die Gedanken loszulassen.

Gut ausgebildete Trance-Therapeuten verfügen über ein breit gefächertes Arsenal von Methoden, um Trance zu induzieren und zu vertiefen. Viele davon kann man bei sich selbst nicht anwenden, andere erfordern das direkte Reagieren auf den Klienten oder sind so speziell, dass eine umfangreiche Ausbildung notwendig ist, um sie erfolgreich anzuwenden. Doch eines ist allen gemeinsam, sie können keinen Schaden anrichten. Schlimmstenfalls bleiben sie wirkungslos, das heißt, es wird keine Trance induziert. Sie müssen also nicht befürchten, wenn Sie etwas nicht richtig machen, könnte das negative Folgen haben. Und ob die Induktion erfolgreich war, merken Sie daran, dass Sie ruhig geworden sind.

Unruhe kann sich grundsätzlich auf zwei Arten zeigen, nämlich als körperliche oder mentale Unruhe. Die Ursache ist die gleiche, nur die subjektive Erfahrung ist unterschiedlich. Wenn Sie geistige Unruhe verspüren, zum Beispiel nagende Gedanken wegen Ihres Partners, dann werden Sie immer auch eine Unruhe im Körper finden. Richten Sie Ihre Aufmerksamkeit in den Körper und spüren nach der Stelle, an der die Unruhe lokalisiert ist. Sie werden gewiss eine finden.

Nachfolgend finden Sie verschiedene Texte, die Sie als Trance-Induktion verwenden können. Wenn Sie die Unruhe eher geistig erleben, versuchen Sie den folgenden Text. Wenn Sie die Unruhe eher körperlich erleben, finden Sie weiter unten Texte dafür.

Induktion 1

Bei mehr mental erlebter Unruhe können Sie die folgende Induktion ausprobieren. Sie ist als Einstieg empfohlen. Sie sollten sie ein paar Mal verwenden und Erfahrungen damit sammeln. Gerade anfangs braucht es etwas Zeit und Übung, sich der Induktion hinzugeben und einen Zustand von Trance zu erreichen. Wenn Sie damit keine befriedigenden Erfahrungen machen, probieren Sie eine der anderen Induktionen.

▶ Ich sitze und spüre den Druck auf die Sitzfläche. Ich fühle meine Hände, die locker in meinem Schoß liegen. Ich spüre den Boden unter meinen Füßen.

Ich blicke wie in die Unendlichkeit, als ob ich über das Meer zum Horizont schaue. Mein Blick ist dösend... Ich nehme meine Atmung wahr. Ich atme ganz normal und beobachte mich dabei: Einatmen... und ausatmen...

Gedanken gehen mir durch den Kopf, die wie Wellen des Ozeans an den Strand branden: Sie kommen... und gehen... Kommen... und gehen... Einatmen... und ausatmen...

Durch das Starren werden meine Augen müde... ganz müde... Deshalb schließe ich meine Augen...

Einatmen... und ausatmen...

Wie ich die Augen schließe, sinkt meine Aufmerksamkeit in meinen Körper... wie ein Stein... der im See versinkt...

Meine Aufmerksamkeit sinkt in meinen Körper... bis in den Bauch... Ich spüre die wohlige Schwere in meinem Bauch...

Ich werde mich jetzt entspannen. Ich werde jeden Muskel meines Körpers entspannen... **jede** Faser...

Meine Aufmerksamkeit geht in meine Hände. Ich stelle mir vor, meine Hände sind Luftballons. Sie sind leicht... so leicht...

Langsam schweben meine Hände nach oben. Ich hebe meine Hände, lasse sie langsam, langsam nach oben steigen... wie Luftballons...

Meine Hände steigen... und steigen... bis sie in Kopfhöhe angekommen sind... Meine Hände schweben in Kopfhöhe... schwerelos...

Gleich... wenn ich schnippe, werden meine Hände schlaff und schwer wie ein nasses Geschirrtuch in meinen Schoß zurückfallen.

[einmal mit den Fingern schnippen]

Nun liegen meine Hände in meinem Schoß und meine Arme sind vollkommen entspannt... Ich atme ein... und wieder aus...

Ich atme tief ein... und langsam... langsam wieder aus... Meine Hände kribbeln und meine Arme sind entspannt... meine Schultergelenke sind entspannt... mein Nacken ist entspannt...

[ganz sanft:] Gut so...

Nun nehme ich wieder meine Füße wahr... den Boden unter meinen Füßen. Ich drücke meine Füße ein wenig gegen den Boden...

und noch ein wenig mehr...

und jetzt entspanne ich die Füße und spüre, wie die Entspannung in den Beinen nach oben steigt...

Die Entspannung strömt durch meine Beine... hinauf bis zur Hüfte...

Ja... jetzt sind meine Beine vollkommen entspannt... Meine Beine und Füße sind schwer... wohlig schwer...

Meine Beine sind entspannt... und meine Arme sind entspannt... Mein ganzer Körper ist entspannt...

[fünf Sekunden Pause]

Wohlig... und schwer...

Ich atme tief ein... und langsam... langsam wieder aus...

Ich entspanne mich... mehr... und mehr...

Ich höre nur auf meine Stimme... Ganz gleich, was für Gedanken in meinen Geist kommen, ich achte nur auf meine Stimme... Und nun gehe ich in eine **noch** tiefere Entspannung...

Ich bin entspannt... tief und wohlig... entspannt...

Meine Aufmerksamkeit geht zu meinem Unterkiefer... Ich nehme meinen Unterkiefer wahr... Ich entspanne meinen Unterkiefer... Mein Unterkiefer ist ganz entspannt... Die Zunge liegt locker im Mund... Die Zähne sind leicht geöffnet...

Meine Aufmerksamkeit geht zu den Wangenknochen und umkreist sie sanft... wie bei einer Gesichtsmassage...

Meine Aufmerksamkeit massiert die Nasenflügel... und die Seiten der Nase hinauf... und streicht jetzt über die

Augenbrauen... umkreist die Augen... umkreist die Augen noch einmal... umkreist die Augen ein drittes Mal...

Mein ganzes Gesicht ist so wohlig entspannt... so entspannt... so entspannt...

Auch meine Stirn ist entspannt... Meine Aufmerksamkeit streicht über meine Stirn... und meine Stirn entspannt...

Meine Aufmerksamkeit ruht auf der Mitte der Stirn... auf meinem dritten Auge...

Mein drittes Auge ist entspannt... so entspannt...

Mein drittes Auge ist entspannt... so entspannt, dass es sich ausdehnt... mehr und mehr... ausdehnt... unendlich ausdehnt...

Ich bin entspannt... tief entspannt... Und mein Geist ist frei... unendlich frei...

Ich atme ein... und aus... Ich bin entspannt... und frei...

2 Induktion 2

Wenn Sie die innere Unruhe mehr mental erleben, können Sie auch die folgende Induktion probieren. Sie ist etwas kürzer als Induktion 1 und ist deshalb eher geeignet, wenn Sie schon eine gewisse Übung haben, in Trance zu kommen.

▶ Ich sitze bequem und entspannt. Ich spüre den Druck der Sitzfläche. Meine Hände liegen locker in meinem Schoß / auf meinen Schenkeln. [Wählen Sie hier Ihre bevorzugte Sitzhaltung.]

Ich spüre die Schwere meines Körpers, die mich auf die Sitzfläche drückt...

Ich spüre die Schwere meiner Schultern... und lasse sie sinken...

Die Hände in meinem Schoß / auf meinen Schenkeln... sind warm und schwer...

Ich spüre die Schwere in meinen Beinen... und Füßen...

Ich spüre den Boden unter meinen Fußsohlen... und ich spüre eine kribbelnde Energie in meinen Fußsohlen...

Diese Energie steigt auf zu meinen Knien... und zu meiner Hüfte... und durch das Becken... zu meinem Steißbein...

Ich spüre die kribbelnde Energie in meiner Sitzfläche...

Ich atme gleichmäßig und tief ein und spüre die kribbelnde Energie... Ich atme langsam und vollständig aus... und spüre, wie die Energie... die Wirbelsäule emporzüngelt...

Ich atme ein... und spüre die kribbelnde Energie... Und ich atme aus... und spüre das Züngeln.

[ganz sanft:] Genau... So ist es gut...

Ich atme ein und spüre die kribbelnde Energie... Und ich atme aus und lasse die Energie entlang der Wirbelsäule aufsteigen, über die Lendenwirbel... über die Brustwirbel... zwischen den Schulterblättern hindurch... über den Nacken... über das Hinterhaupt... bis zum Scheitel...

Ich spüre die kribbelnde Energie auf meinem Scheitel... und lasse sie wie überfließendes Wasser über meine Stirn rinnen... über meine Augen... über meine Wangen... zu meinem Mund... und zum Kinn...

[ganz sanft:] Jaaa...

Mein ganzes Gesicht ist jetzt entspannt... Ich spüre ein angenehmes Kribbeln auf meinem ganzen Gesicht... Es prickelt wie Perlen in einem Sektglas... und ich spüre das Prickeln auf meiner Haut...

Die Bläschen im Sektglas perlen ohne Unterlass... doch der Sekt bleibt unberührt... Genauso steigen Gedanken in mir auf, doch ich lasse sie gehen und mein Geist bleibt unberührt...

So viele Gedanken... Ohne Ende... Ohne Ende... Sie sind **jetzt** nicht wichtig...

Ich atme ein und spüre das Kribbeln auf meinem Gesicht... Ich atme aus und lasse die Gedankenbläschen zerplatzen...

Die Gedanken lösen sich auf... und zerstäuben in die Umgebung... Sie stieben von meinem Kopf in alle Richtungen davon... immer weiter fort... in die Unendlichkeit... in die Leere des Raums...

[ganz sanft:] Gut so...

unendlich leer... Gedanken sind leere Blasen, die aufsteigen und zerplatzen... Sie sind jetzt nicht wichtig... Ich lasse sie ziehen... in die unendliche Unendlichkeit... in die ewige Leere des endlosen Raums... Weit... und hell... und still...

Induktion 3

Wenn Sie innere Unruhe mehr körperlich empfinden, versuchen Sie die folgende Induktion.

▶ Ich sitze an meinem gewohnten Platz, um mich in Trance zu versetzen, doch ich fühle mich ganz unruhig...

Das macht nichts. Es ist in Ordnung, wenn ich mich unruhig fühle. Ich lasse die Unruhe zu und schaue sie mir an...

Ich richte meine Aufmerksamkeit in meinen Körper und nehme die Unruhe wahr...

Ich fühle mich kribbelig wie eine Wasserfläche, auf die Regen fällt...

Ich lasse das Prasseln des Regens zu... und ich schließe jetzt sogar meine Augen, **auch** wenn ich die Unruhe dann noch deutlicher wahrnehme...

[ganz sanft:] Ja, gut so...

Ich spüre die Unruhe in meinem Körper und schaue auf die weite dunkle Wasserscheibe, die vom Prasseln des Regens in Bewegung versetzt wird...

Ich schaue dem Schauspiel zu... und höre das Prasseln des Regens... Tausendfaches Prasseln, das sich zu einem gleichmäßigen Rauschen verbindet... Gleichmäßiges Rauschen... endlos gleichmäßig prasselndes Rauschen...

Jetzt hellt sich der Himmel ein wenig auf und ich sehe das Lichterspiel der prasselnden Regentropfen auf dem See... die prickelnde Oberfläche... und die tanzenden Lichter... Prasseln... und Glitzern...

Die dunklen Wolken öffnen sich mehr und mehr... Es wird heller und heller... Der See wird ruhiger... und ruhiger... Ich werde stiller... und stiller... sinke tiefer und tiefer in tiefe Ruhe...

Der Regen lässt nach. Nur noch wenige Tropfen fallen auf die Spiegelfläche des Sees...

Ich rieche den Duft der Pflanzen und Gräser, die vom Regen gewaschen sind...

Die Wolken ziehen davon und wie es wird heller und heller wird, werde ich ruhiger... und immer ruhiger... stiller... und immer stiller...

Die Sonne tritt majestätisch hinter den Wolken hervor... und schickt ihre golden wärmenden Strahlen zu mir... Es wird heller... und immer heller... wärmer... und immer wärmer... und ich werde stiller... und noch stiller...

Ich sitze am Rand des Sees... gewärmt von den goldenen Strahlen der Sonne... und werde stiller... und stiller... sinke tiefer... und tiefer...

[ganz sanft:] Ja, so ist es gut...

Tiefe Stille... weiter Friede...

Ich spüre die Wärme der Sonne... Ich spüre, wie die Wärme der Sonne meinen Körper erfüllt... und beruhigt... stiller... und immer stiller...

Ich bin sicher eingehüllt in die Wärme der Sonne... umspielt vom Duft der frischen Natur...

Ein letzter Regentropfen fällt auf die glatte Fläche des Sees... Wellenförmige Ringe breiten sich aus... Weiter und immer weiter ziehen die Ringe ihre Kreise... immer weiter über die weite Fläche des Sees... gleichmäßig... und still... ganz still...

[ganz sanft:] Ja...

so still ist die Natur... in ihrem Herzen... Und ich bin Teil davon... voller Stille... voller Weite... voller Ruhe... In meinem Herzen ruht die Stille der Natur... still... ganz still...

Induktion 4

Wenn die körperlichen Empfindungen sehr stark sind oder wenn Sie gar Schmerzen haben, ist das eine starke Ablenkung. Um es an dieser Stelle mit allem Nachdruck zu sagen, Selbsthypnose sollte nicht verwendet werden, um Schmerzen zu unterdrücken und so den Arztbesuch zu umgehen. Schmerzen sind ein wichtiges Signal des Körpers, das immer sehr ernst genommen werden sollte.

Sie können Selbsthypnose jedoch sehr gut parallel zur medizinischen Behandlung einsetzen und vor allem, um ein anderes Verhältnis zum Schmerz aufzubauen. Schmerzen sind lästig, zweifellos, doch Schmerzen zu verdrängen oder einfach nur medikamentös zu betäuben, ändert nichts an den Ursachen. Der schnelle Griff zum (rezeptfreien) Schmerzmittel schafft eine trügerische Sicherheit, für die später womöglich mit Zinsen bezahlt werden muss.

Suggestionen, die Sie bei Schmerzen anwenden können, finden Sie weiter unten. Hier folgt lediglich eine

Induktion, die den Schmerz berücksichtigt und deshalb gut mit einer Suggestion bei Schmerzen verbunden werden kann. Im Text ersetzen Sie bitte den Platzhalter *[Schmerzen]* durch eine genaue Benennung, also beispielsweise pulsierende Schmerzen im Kopf, bohrende Zahnschmerzen, Verkrampfung im Nacken und so fort.

▶ Ich sitze an meinem gewohnten Platz, um mich in Trance zu versetzen und *[Schmerzen]* zu lindern. Auch wenn ich unruhig bin, schließe ich meine Augen, um ganz für **mich** da zu sein.

Ich schließe meine Augen und bin **ganz** für mich da...

Ich stelle mir vor, dass ich hinter mir stehe und mir die Hände auf die Schultern lege. Meine Schultern sinken etwas nach unten und entspannen sich...

Ich nehme wahr, wie ich sitze, und mache es mir richtig bequem.

Ich stelle mir vor, an meinem Scheitel sei ein feiner Faden befestigt, und ziehe sanft an diesem Faden.

Ich atme gleichmäßig und ruhig. Und ich nehme *[Schmerzen]* wahr. Ich lasse die Schmerzen zu...

Ich lasse meine Aufmerksamkeit in den Schmerz hineingehen...

Der Schmerz scheint zunächst heftiger zu werden. Ich lasse das zu... Ich beobachte den Schmerz wie ein unbekanntes Ding... Ich bin mutig und sehe dem Feind ins Gesicht...

[fünf Sekunden Pause]

Ich nehme *[Schmerzen]* wahr und atme gleichmäßig... und ruhig...

Ich nehme den Schmerz wahr und lasse mich in den Schmerz hineinfallen... Mutig wie ein Fallschirmspringer lasse ich mich in den Schmerz hineinfallen... und falle... und gleite... und schwebe... schwerelos... und leicht...

Wenn ich den Schmerz zulasse und mich hineinfallen lasse, wird er weit wie der Himmel... Der Schmerz verliert seine Dimension und breitet sich aus... endlos... und schwerelos...

Da ist der Schmerz, an dem ich hänge... doch ich sinke sicher und still durch die Luft wie an einem Fallschirm...

Ich nehme *[Schmerzen]* wahr und atme gleichmäßig und ruhig... und sinke langsam... und sicher durch die Luft... der Erde entgegen...

Ich nehme den Schmerz wahr und er breitet sich unendlich aus... verliert alle Eigenschaften... wird leicht und flüchtig wie die Luft, die mich trägt...

Ich atme gleichmäßig und ruhig... und sinke langsam und sicher durch die Luft zur Erde... Ich nehme die Schmerzen wahr... Sie blähen den Fallschirm auf wie die Luft... so sinke ich langsam... und sicher der Erde entgegen... und wenn ich den Boden erreicht habe, wird der Fallschirm in sich zusammensinken... wird alle Spannung verlieren...

Ich sinke tiefer... und immer tiefer... Gleich werde ich den Boden erreichen... Ich nehme den Schmerz wahr, doch er ist unendlich weit und nicht zu fassen, wie der endlose Himmel über mir...

Ich sinke tiefer... und tiefer... Und wie ich immer tiefer sinke... werde ich entspannter... und immer entspannter... Gleich werde ich den Boden erreichen... und vollkommen entspannt sein... so still und entspannt...

Jetzt berühre ich den Boden. Ich sinke auf die Knie und setze mich. Der Fallschirm fällt in sich zusammen, entspannt sich... und ich bin völlig entspannt... Ich sitze auf dem Boden und bin vollkommen ruhig... und entspannt...

5 Induktion 5

Wenn Sie schon eine gewisse Zeit Selbsthypnose geübt haben und relativ leicht und sicher in den Trance-Zustand gelangen, können Sie eine kürzere Induktion verwenden. Das lässt Ihnen in der Sitzung mehr Zeit für die Suggestion. Anfangs ist eine längere Induktion zu empfehlen, damit Sie einen guten Trance-Zustand erreichen. Die Suggestion sollte entsprechend kurz und einfach sein. Nach einiger Übung können Sie das Verhältnis umkehren.

Es folgt also eine kürzere Induktion. Am Ende dieser Induktion wird ein *[Schlüsselwort]* eingeführt. Mehr dazu finden Sie unten.

▶ Gleich werde ich rückwärts zählen, von Zwanzig bis Null. Dabei wird sich jeder einzelne Muskel meines Körpers vollständig entspannen und wenn ich bei Null angelangt bin werde ich in einem sehr entspannten und ruhigen Zustand sein.

[Machen Sie nach jeder Zahl eine Pause, die etwa so lang ist, wie ein Atemzug.]

Zwanzig... Neunzehn... Achtzehn...

Bei jeder Zahl entspanne ich mehr und mehr... werde ich ruhiger und ruhiger...

Siebzehn... Sechzehn... Fünfzehn...

Mein Körper ist schwer und entspannt... mein Geist ist ruhig und weit...

Vierzehn... Dreizehn... Zwölf...

Schwer und entspannt... ruhig und weit...

Elf... Zehn... Neun...

Entspannt... und ruhig...

Acht... Sieben... Sechs...

So entspannt...

Fünf... Vier... Drei...

So ruhig...

Zwei... Eins... Null...

[ganz sanft:] Ja...

Ich bin entspannt... und ruhig...

Ich bin offen für die unendliche Weite in mir...

still... und weit...

Nun kann die Suggestion folgen oder Sie fügen den folgenden Passus an, der ein Schlüsselwort einführt. Denken Sie sich ein Wort aus, dass nur angenehme Assoziationen bei Ihnen auslöst und das Ihnen im Alltag gewöhnlich nicht begegnet zum Beispiel Rosenholz oder Silberfalter oder Feuerbaum. Dieses Schlüsselwort wird mit dem Zustand tiefer Trance assoziiert und kann dann benutzt werden, um die Trance im Verlauf der Suggestion zu vertiefen. Dazu wird dann einfach das Schlüsselwort an geeigneter Stelle in die Suggestion eingefügt. Weiter unten werden Sie Beispiele dafür finden.

Sie können das Schlüsselwort auch verwenden, wenn Sie in Alltagssituationen feststellen, dass Sie aus dem Gleichgewicht sind. Sie verinnerlichen sich dann kurz und denken Ihr Schlüsselwort. Weil es mit tiefer Trance assoziiert ist, löst es diesen Zustand aus, und Sie sind augenblicklich ruhiger und gefasster.

Sie können das Schlüsselwort auch verwenden, um sich in einer akuten Situation eine kurze Suggestion zu geben, die aus nur einem Satz bestehen sollte, zum Beispiel: »*[Schlüsselwort]*. Ich bin ruhig... und gefasst. *[Schlüsselwort]*. Ich bin ruhig... und gefasst. *[Schlüsselwort]*. Ich bin ruhig... und gefasst. *[Schlüsselwort]*.«

▶ Ich bin jetzt in tief entspannter Trance. Nun werde ich noch einmal rückwärts zählen, diesmal von Sieben bis Null. Bei jeder Zahl werde ich in einen noch tieferen Zustand von Trance gehen und bei Null werde ich in sehr, sehr tiefer Trance sein.

Sieben... Tiefer und tiefer und tiefer...

Sechs... Tiefer und tiefer und tiefer...

Fünf... Tiefer und tiefer und tiefer...

Vier... Tiefer und tiefer und tiefer...

[ganz sanft:] Ja...

ich bin weit und still... und gehe nun noch tiefer...

Drei... Tiefer und tiefer und tiefer...

Zwei... Tiefer und tiefer und tiefer...

Eins... Tiefer und tiefer und tiefer...

Null... Tiefer und tiefer und tiefer...

[Schlüsselwort]... [Schlüsselwort]... [Schlüsselwort]...

Jetzt bin ich in sehr tiefer Trance... und sehr entspannt... und sehr ruhig... Wenn ich *[Schlüsselwort]* dreimal wiederhole, wird mich das augenblicklich in diesen angenehmen Zustand versetzen.

Induktion 6

Wenn Sie im Erreichen des Trance-Zustand wirklich sicher sind, können Sie eine noch kürzere Induktion verwenden, wie etwa die Folgende.

▶ Ich werde langsam von Fünf bis Null zählen und während ich das tue, werde ich sehr tiefe Atemzüge nehme. Ich werde gleichmäßig und tief einatmen und langsam und vollständig ausatmen.

Mit jedem Atemzug... jedes Mal wenn ich vollständig ausatme... entspanne ich mehr und mehr... und ich gehe tiefer und tiefer in Trance...

Fünf... tiiief einatmen... und vollständig ausatmen... Ich bin entspannt... vollkommen entspannt...

Vier... tiiief einatmen... und vollständig ausatmen... Ich bin entspannt... und gehe tiefer und tiefer...

Drei... tiiief einatmen... und vollständig ausatmen... Tiefer... und immer tiefer...

Zwei... [leiser:] tiiief einatmen... und vollständig ausatmen... So entspannt... so tief...

Eins... [noch leiser:] tiiief einatmen... und vollständig ausatmen... Entspannt... und tief...

Null... [geflüstert:] tiiief einatmen... und vollständig ausatmen... – Ja...

7 Induktion 7

Im Kapitel »Mustertexte für Suggestionen« werden auch Kurz-Hypnosen vorgestellt. Dabei können Sie eine besonders kurze Induktion mit Ihrem Schlüsselwort verwenden. Atmen Sie vor jedem Wort ein und beim Sprechen des Wortes aus. Dann machen Sie eine Pause, in der Sie einmal ein- und ausatmen.

▶ Fünf... *[Schlüsselwort]...*

Vier... *[Schlüsselwort]...*

Drei... *[Schlüsselwort]...*

Zwei... *[Schlüsselwort]...*

Eins... *[Schlüsselwort]...*

Null... *[Schlüsselwort]...*

Trance-Ausleitung

■ So wie der Trance-Zustand durch die Induktion herbeigeführt wird, um das Unterbewusstsein auf die Suggestion vorzubereiten, so muss der Zustand nach der Suggestion auch wieder zurückgeführt werden. Nur wenn Sie Selbsthypnose vor dem Schlafen anwenden, zum Beispiel wegen Schlafstörungen, können Sie auf die Ausleitung verzichten und nach der Suggestion direkt in den Schlafzustand übergehen. In allen anderen Fällen wird die Hypnose durch eine Ausleitung beschlossen.

Wenn der Suggestionsteil eine Visualisierung ist, bei der Sie in Ihrer Vorstellung aktiv sind, zum Beispiel durch eine Landschaft gehen oder Räume betreten, ist darauf zu achten, dass all diese Aktivitäten auch wieder zurückgeführt werden, dass Sie also am Ende der Visualisierung dort sind, wo Sie begonnen haben. Diese Rückführung ist an sich Teil der Visualisierung und leitet die Ausleitung der Trance ein. Diese Doppelfunktion kann aber im Einzelfall verschmelzen.

Ausleitung 1 ❶

Gleich... wenn ich bis fünf gezählt habe...

werde ich meine Augen öffnen und wieder ganz im Wachzustand sein. Ich werde mich erfrischt und ausgeruht fühlen... körperlich und geistig... still und gefasst...

Eins...

Ich komme ins Hier und Jetzt zurück...

Zwei... Ich fühle die wohlige Schwere in meinem Körper...

Drei. Ich spüre die Fläche, auf der ich sitze...

Vier. Ich bin hellwach und erfrischt...

Fünf. Langsam... öffne ich meine Augen. ◀

❷ Ausleitung 2

Vor der Ausleitung können Sie sich auch einen posthypnotischen Befehl geben, um Ihre Trance-Erfahrung immer weiter zu vertiefen und effektiver zu gestalten.

Ich bin vollkommen entspannt... Jeder Muskel von den Füßen bis zum Kopf ist vollkommen entspannt...

Mein Geist ist ruhig... und unendlich weit wie das Meer...

In diesem angenehmen Zustand körperlicher und geistiger Entspannung verweile ich... bis die Anweisung kommt, die Augen zu öffnen...

Jedes Mal, wenn ich eine Selbsthypnose mache... werde ich den Zustand körperlicher und geistiger Entspannung immer leichter erreichen und immer tief gelangen...

Wenn ich gleich meine Augen öffne, werde ich vollkommen entspannt und voller Zuversicht sein...

Ich zähle nun bis Drei, dann öffne ich meine Augen und werde vollkommen entspannt sein und mich gut fühlen...

Eins... körperlich und geistig so entspannt...

Zwei... voller Zuversicht und Lebenskraft...

Drei... hellwach und erfrischt... öffne ich die Augen. ◀

Ausleitung 3

3

Für die folgende besonders kurze Ausleitung benötigen Sie ein kleines Glöckchen oder ein dünnes Glas, dass angeschlagen einen hellen Ton gibt. Das Glöckchen sollte nur leicht geschüttelt oder das Glas so sanft angeschlagen werden, dass ein möglichst heller, aber sanfter Ton erzeugt wird. Diese Ausleitung sollten Sie erst verwenden, wenn Sie schon hinreichend Erfahrung mit dem Trance-Zustand haben und gewohnt sind, vom Wach- in den Alpha-Zustand zu wechseln und zurück.

[Klang (einmal), dann etwa fünf Sekunden Pause]

Ich komme hier in diese Gegenwart zurück.

[Klang (zweimal), dann etwa fünf Sekunden Pause]

Ich spüre meinen Körper, wie er hier sitzt.

[Klang (dreimal), dann etwa fünf Sekunden Pause]

Ich öffne langsam... die Augen. ◀

PR

Visualisieren

■ Sich im Geiste, vor dem inneren Auge etwas vorstellen beziehungsweise ausmalen, wird Visualisieren genannt. Sicher haben Sie schon davon gehört oder es sogar ausprobiert. Visualisieren ist eine einfache, aber wirkungsvolle Form der Suggestion. Ihre Wirkung wird natürlich erheblich vergrößert, wenn Sie sich zuvor durch eine Induktion in den Trance-Zustand versetzt haben.

Bilder sind die Sprache des Unbewussten. Deshalb sind Bilder auch der beste Weg, dem Unbewussten Anleitungen zu geben. Die menschliche Sprache ist in ihrer Entwicklung zunächst Ausdruck von Emotionen gewesen, dann Aufruf von Bildern und erst nach einem langen kulturellen Prozess intellektueller Entwicklung Formulierung abstrakter Gedanken.

Visualisieren kann allgemein erbauliche Vorstellungen vermitteln und dient dann hauptsächlich der Entspannung. Es können aber auch gezielt Bilder eingesetzt werden, um bestimmte Zielvorstellungen zu verinnerlichen oder negative Eindrücke zu neutralisieren. Davon später mehr.

Für den Anfang empfehlen sich Visualisierungen, die zur Entspannung dienen. Auf Ihrer großen Abenteuerreise ins Bewusstsein besteht die erste Etappe darin, einen Zustand der Ausgeglichenheit und Entspannung zu etablieren, zunächst in der Hypnose und von dort nach und nach mehr und mehr im Alltag. Geistige und körperliche Gelassenheit und Entspannung sind die Grundlage, auf der sich alle anderen positiven Veränderungen entfalten. Wenn Sie das Visualisieren gut beherrschen, können Sie Ihre eigenen »mentalen Filme« produzieren, um damit Ihr Unterbewusstsein von Angewohnheiten und Phobien zu befreien.

Manche meinen, sie könnten nicht visualisieren. Doch das ist ein subjektiver Eindruck. Tatsächlich erleben Menschen Gedanken mehr oder weniger bildhaft, doch auf seine Weise ›sieht‹ jeder innere Bilder. Es ist wie beim Lesen eines Romans, die geschilderten Lokalitäten und Handlungsabläufe erscheinen mehr oder weniger lebendig vor unserem inneren Auge. Je mehr man (Romane) liest oder eben visualisiert, desto stärker entwickelt sich die Fähigkeit, die inneren Bilder lebendig zu erleben.

Beginnen Sie mit dem folgenden Text. Sprechen Sie zunächst eine Induktion, zum Beispiel Induktion 2. Denken Sie daran, langsam und ruhig zu sprechen, auch wenn im folgenden Text auf die Ellipsen (...) weitgehend verzichtet wurde. Es ist gut, das Ende der Induktion sprachlich am Anfang der Suggestion (oder Visualisierung) aufzunehmen, um einen fließenden Übergang zu schaffen, etwa so:

Orangenhain

In dieser Stille sehe ich mich um. Ich befinde mich in einem weitläufigen Garten. Es ist eine helle, sternklare Nacht. Die Luft ist milde wie im Sommer. Der Vollmond hängt gelb am Himmel.

Ich gehe einen Weg entlang. Auf beiden Seiten stehen Orangenbäume. Zwischen den dunkelgrünen Blättern der Orangenbäume strahlen die Orangen im Mondlicht. Überreife Orangen liegen im Gras unter den Bäumen. Der Duft der Orangen liegt schwer in der Luft.

Von einem Zweig pflücke ich eine Orange. Mit dem Daumennagel schäle ich sie. Dabei sprüht das ätherische Öl auf meine Haut. Orangenduft umgibt mich von allen Seiten.

Ich teile die Orange und stecke mir ein Stück in den Mund. Ich zerbeiße das Stück. Süßer Orangensaft umschmeichelt meinen Gaumen und rinnt durch meine Kehle. Ich schmecke die Orange.

Nun gehe ich weiter. Ich komme an eine Stelle, wo sich zwei Wege kreuzen. Ich nehme den rechten Weg. Er ist auf beiden Seiten von Zitronenbäumen gesäumt. Die gelben Zitronen strahlen im Mondlicht. Ich pflücke eine Zitrone. Die Zitrone liegt angenehm in meiner Hand. Ich schäle die Zitrone. Dabei sprüht das herbe ätherische Öl auf meine Hand. Zitronenduft umgibt mich.

Ich lege den Kopf in den Nacken und drücke die Zitrone mit der Hand, dass mir etwas Saft in den Mund träufelt. Ich schmecke das Sauere und spüre, wie Speichel in meinen Mund fließt. Ich schlucke den Zitronensaft hinunter und mein Mund zieht sich zusammen.

Ich gehe weiter und komme an eine breite Marmortreppe, die in sanftem Schwung hinabführt. Die Stufen leuchten hell im Mondlicht. Gelassen schreite ich die Treppe hinab. Mit jedem Schritt entspanne ich mehr und mehr. Wenn ich am Ende der Treppe angekommen bin, werde ich vollkommen entspannt sein...

Ich nehme eine Stufe und mein Körper entspannt sich...

Ich nehme eine Stufe und mein Geist kommt zur Ruhe...

Noch eine Stufe... vollkommen entspannt...

Noch eine Stufe... vollkommen ruhig...

Noch eine Stufe...

[fünf Sekunden Pause]

Und noch eine Stufe...

[zehn Sekunden Pause]

Ich habe das Ende der Treppe erreicht... Ich bin körperlich und geistig vollkommen entspannt...

Vor mir liegt ein Schwimmbecken aus Marmor. An drei Seiten ist das Becken von Rosenstöcken umgrenzt. Das Mondlicht spielt auf den samtenen Blüten. Der Duft der Rosen liegt schwer in der Luft.

Die Marmortreppe führt direkt in das Schwimmbecken hinein. Ich steige die Stufen weiter hinab und tauche Schritt für Schritt in das wohlig warme Wasser ein. Das Wasser ist bedeckt von Tausenden Rosenblättern.

Ich lege mich auf den Rücken und dümpele friedlich auf dem Rosenwasser. Ich schaue hinauf in den sternklaren Himmel. Tausende Lichtlein funkeln mir entgegen. Die Atmosphäre ist so friedlich, fast heilig. Das Wasser trägt mich und streichelt meinen Körper.

Nun steige ich wieder aus dem Wasser. Es ist etwas kühl. Schauer laufen mir über den Rücken. Ich bekomme eine Gänsehaut.

Neben der Marmortreppe führt ein Weg in die Dunkelheit. Ich bemerke einen Lichtschein. Ich höre Knistern und Prasseln. Ich folge dem Weg und komme an ein Lagerfeuer. Ich setze mich an das Feuer und wärme und trockne mich. Unter mir der Geruch der Erde... neben mir der Geruch brennender Äste.. über mir die funkelnden Sterne...

Meine Gedanken schweifen durch die Sternennacht...

[fünf Sekunden Pause]

Nun erhebe ich mich von dem Feuer und gehe zurück zur Marmortreppe. Ich steige die Stufen empor. Ich gehe vorbei an den Zitronenbäumen. An der Kreuzung nehme ich den Weg zwischen den Orangen. Ich fühle mich ausgeruht und gestärkt...

Ich bin zurück in meinem Garten... Ich bin wieder ganz bei mir...

[hier Ausleitung anfügen] ◀

Diese Visualisierungsübung sollten Sie eine Weile machen, bis die davon bewirkte Entspannung spürbar ist und Ihnen das Visualisieren wirklich leicht fällt. Während Sie den Text hören, sollten Sie möglichst deutliche Anmutungen der Sinneseindrücke haben, vor Ihrem inneren Auge die genannten Objekte ›sehen‹, die Düfte ›riechen‹, die Speisen ›schmecken‹ und die Empfindungen auf der Haut ›spüren‹. Je öfter Sie visualisieren, desto leichter wird es Ihnen fallen. Wenn Ihnen der hier vorgestellte Text mit der Zeit langweilig wird, schreiben Sie selbst einen neuen.

Wenn Sie hinreichend Übung mit dem Visualisieren haben, können Sie mit dieser Methode mentale Szenen erschaffen, die Ihnen bei der Lösung von Problemen helfen. Dabei gibt es grundsätzlich zwei Möglichkeiten. Entweder Sie visualisieren die Handlungen oder den Verlauf, der die gewünschten Veränderungen bewirkt, oder Sie visualisieren den Zielzustand, also wie es ist, wenn die gewünschten Veränderungen erreicht sind.

Wenn Sie zum Beispiel finanzielle Probleme haben, können Sie sich mit einer Prozessvisualisierung vorstellen, wie Sie Ihren Chef um die lange anstehende Gehaltserhöhung bitten. Das gibt Ihnen innere Sicherheit und Zuversicht, die es Ihnen erleichtern werden, dieses Gespräch erfolgreich zu führen. Viele Sportler bereiten sich auf diese Art auf ihre Wettkämpfe vor.

Oder Sie entscheiden sich für eine Zielvisualisierung und stellen sich vor, wie Sie die gewünschte Gehaltserhöhung bereits haben und wie sich Ihr Leben dann verändert. Auch das stärkt Sie, lässt aber den Prozess offen, der dorthin führt. Vielleicht werden Sie dann gar nicht mit Ihrem Chef sprechen, sondern sich eine neue, besser bezahlte Stelle suchen. Sie werden wissen, was für Sie der richtige Weg ist, und wenn Sie die innere Sicherheit in sich aufbauen, werden sich auch wie von selbst die nötigen Türen vor Ihnen öffnen. Das ist keine Gesundbeterei, sondern die gelebte Erfahrung erfolgreicher Menschen.

Es folgen ein paar Beispiele, die Sie leicht weiterentwickeln können. Zeichnen Sie zunächst eine Induktion auf und schaffen einen sprachlichen Übergang zur folgenden Visualisierung. Schließen Sie am Ende eine Ausleitung an.

Gewichtsreduktion

Ich spüre in mich hinein. Ich fühle mich in meinem Idealgewicht. Mein Idealgewicht ist *[Mengenangabe]* Kilo. Ich stelle mir vor, wie es sich mit meinem Idealgewicht anfühlt, sich vorzubeugen und die Schuhe zuzubinden....

Ich stelle mir vor, wie es sich mit meinem Idealgewicht anfühlt, einen Schaufensterbummel zu machen...

Ich stelle mir vor, wie es sich mit meinem Idealgewicht anfühlt, im Badeanzug über den Strand zu gehen...

Ich bin mit *[Name einer Freundin, eines Freundes]* zusammen. Wir gehen durch ein Einkaufszentrum. *[Name]* ist erstaunt, wie schlank ich bin.

Vor einer Apotheke steht eine Waage. *[Name]* weist darauf und ich stimme fröhlich zu. Ich steige auf die Waage. Der große Zeiger dreht sich auf der kreisrunden Skala und bleibt bei genau *[Mengenangabe]* stehen.

Wir gehen in ein Restaurant. Dort stehen zwei Tische. Auf dem Tisch auf der linken Seite liegen Berge von *[listen Sie hier alles auf, was Sie gerne essen, was aber nur dick macht]*. Ich schaue mir all diese Verführer lächelnd an und male mit einem dicken Pinsel ein großes rotes X durch den Tisch und die Dickmacher.

Auf dem rechten Tisch liegen frisches Obst und Gemüse und *[zählen Sie hier auf, was Sie auch gerne essen, was aber gesund ist und nicht dick macht]*. Ich schaue mir all diese schmackhaften Lebensmittel an und freue mich auf ein Essen, dass mich körperlich und geistig stärkt. Hinter dem Tisch ist ein großer Spiegel angebracht. Ich sehe mich in dem Spiegel mit meinen *[Mengenangabe]* Kilo schlank und rank. Ich fühle mich gut.

Ich spreche in Gedanken den Satz: »Ich mag nur die Lebensmittel von diesem Tisch.«

Sprich mit: »Ich mag nur die Lebensmittel von diesem Tisch.«

Ich fülle mir eine Portion Gemüse und eine Backkartoffel auf einen Teller [oder setzen sie hier etwas anderes ein, das Ihnen gut schmeckt]. Wir gehen zu einem Tisch. Ich schaue das leckere Gemüse an. Ich blicke noch einmal zurück und schaue mir die Lebensmittel auf dem rechten Tisch an.

[ganz sanft:] Ja...

nur das sind die Lebensmittel, die mein Körper braucht und begehrt. Damit ist er gut versorgt und zufrieden. Deshalb wird er mir keine Heißhungerattacken mehr schicken.

Ich bin frei, das zu essen, was meinem Körper gut tut. Ich esse nur, wenn ich Hunger habe. Ich esse nur so viel, bis der Hunger gestillt ist. Ich liebe meinen Körper und das tut meiner Seele gut.

[ganz sanft:] Ja...

[Name] lächelt mich an. Wir genießen unser gemeinsames Essen. Dann verabschieden wir uns. *[Name]* sagt noch einmal, wie großartig ich aussehe. Ich gehe nach Hause. Ich bin wieder hier. Hier in meinem Zimmer.

Kopfschmerzen

Das besondere an dieser Suggestion ist, dass es sich um eine sogenannte indirekte Methode handelt. Die Suggestion spricht die Kopfschmerzen nicht an, vielmehr zielt sie darauf ab, die Wärme in Händen und Füßen zu erhöhen. Das kann man sich als Laie natürlich nicht selbst ausdenken. Der Ansatz beruht auf der klinischen Erfahrung, dass Kopfschmerzen dadurch gelindert werden.

● Ich fühle in meinen Körper hinein. Ich stelle mir vor, wie das Blut von meinem Herzen durch die Arme in die Hände strömt. Ich fühle, wie meine Hände wärmer werden. Meine Hände werden wärmer... und wärmer. Blut strömt in meine rechte Hand... und meine rechte Hand wird wärmer... Blut strömt in meine linke Hand... und meine linke Hand wird wärmer...

Es ist sehr angenehm, wie meine Hände wärmer und wärmer werden. Es ist ein wohliges Gefühl in meinen Händen. Das Blut strömt durch meine linke Hand... und meine linke Hand fühlt sich weich an... und warm... weich und warm... Das Blut strömt durch meine rechte Hand... und meine rechte Hand fühlt sich weich an... und warm... weich und warm...

Meine Hände sind weich und warm... Das Blut strömt von meinem Herzen durch die Arme in die Hände... und meine Hände werden wärmer... und immer wärmer...

Nun stelle ich mir vor, wie das Blut von meinem Herzen durch die Beine in die Füße strömt. Ich fühle, wie meine Füße wärmer werden. Meine Füße werden wärmer... und wärmer. Blut strömt in meinen rechten Fuß... und mein rechter Fuß wird wärmer... Blut strömt in meinen linken Fuß... und mein linker Fuß wird wärmer...

Es ist sehr angenehm, wie meine Füße wärmer und wärmer werden. Es ist ein wohliges Gefühl in meinen Füßen. Das Blut strömt durch meinen linken Fuß... und mein linker Fuß fühlt sich weich an... und warm... weich und warm... Das Blut strömt durch meinen rechten Fuß... und mein rechter Fuß fühlt sich weich an... und warm... weich und warm...

Meine Füße sind weich und warm... Das Blut strömt von meinem Herzen durch die Beine in die Füße... und meine Füße werden wärmer... und immer wärmer...

Jetzt bemerke ich, dass ich vor einem Kaminfeuer sitze. Die Holzscheite glühen feierlich... und das Feuer knistert ein wenig... Der Kamin strahlt eine wohlige Wärme aus und meine Hände werden wärmer... und **noch** wärmer... Ein wohliges Gefühl von Schwere durchströmt meine Arme und Hände. Das Kaminfeuer hüllt mich beschützend ein... und in seiner wohlige Wärme werden meine Füße wärmer... und noch wärmer... Ein wohliges Gefühl von Schwere durchströmt meine Beine und Füße.

Meine Arme und Beine sind warm... und entspannt... Die wohlige Wärme des Kamins wärmt meine Hände und Füße... und werde ich entspannter... und immer entspannter...

[ganz sanft:] So entspannt...

Warme Hände... Ich bin entspannt...

Warme Füße... vollkommen entspannt...

Angenehme Schwere liegt auf meinem Körper... und ich bin durch und durch entspannt...

Wenn ich gleich meine Hände und Füße von dem Kaminfeuer zurückziehe, bleibt mein Körper vollkommen entspannt... Wenn ich mit den Gedanken zu mir zurückkomme, werde ich sogar in noch tiefer Entspannung gehen...

Ich ziehe mich von dem Kaminfeuer zurück und bin entspannt... vollkommen entspannt... Meine Arme und Hände sind entspannt... Meine Beine und Füße sind entspannt... Mein Rücken ist entspannt... Mein Nacken ist entspannt... Meine Schläfen sind entspannt... Meine Stirn ist entspannt...

Meine Hände und Füße sind warm... und ich bin vollkommen entspannt...

Wenn ich gleich in diese Gegenwart zurückkomme, bleibe ich vollkommen entspannt... angenehm gelöst... Und diese Entspanntheit und Gelöstheit wird anhalten, wenn ich wieder an meine Arbeit gehe... Entspannt... und gelöst...

Nikotinentwöhnung

Eine Visualisierung muss nicht lang sein. Zusammen mit einer kurzen Induktion und ebenso kurzen Ausleitung können Sie eine Hypnose aufzeichnen, die Sie bei jedem Drang nach einer Zigarette zur Entspannung anhören.

- Ich fahre eine Straße entlang und komme an eine Gabelung. Der Weg zur Rechten ist frisch gepflastert, sauber und frei von Hindernissen. Er führt zu einer nagelneuen Autobahn. Ein Schild sagt: »Nur für Nichtraucher.« Der linke Weg ist alt und schmutzig, voller Schlaglöcher und losen Steinen. Er endet in einer Sackgasse. Das Schild sagt: »Raucher hier entlang.«

Die Quelle des Reichtums

Diese Trance-Reise ist Teil eines Seminars, das ich hin und wieder anbiete. Die Induktion ist in den Text eingearbeitet. Auch eine Ausleitung entfällt. Dieser Text ist in sich vollständig. Sie können ihn direkt so aufzeichnen. Ich habe diesen Text in das Buch aufgenommen, um Ihnen zu zeigen, wie Sie die Elemente Induktion, Suggestion und Ausleitung variieren und ineinander übergehen lassen können.

Ich habe diesen Text gelassen, wie ich meine Kursteilnehmer anspreche, damit Sie auch diese Form einmal kennen lernen. Für Ihre Selbsthypnose können Sie den Text leicht in die Ich-Form übertragen.

● Ich lade Sie ein zu einer Reise zur Quelle des Reichtums. Eine wundervolle Erfahrung. Eine ganz persönliche Erfahrung, die Sie bereichern wird und die Sie danach immer bei sich tragen können.

Erlauben Sie sich, einen Augenblick inne zu halten und einfach nur da zu sein, bequem zu sitzen und sich zurückzulehnen.

Vielleicht sitzen Sie schon ganz bequem, vielleicht möchten Sie sich aber auch noch ein wenig zurechtrücken, während Ihre Füße den sicheren Boden spüren...

Sie können die Augen geöffnet lassen, dann ruht Ihr Blick wie das weite Meer, wie Sommerluft in einem stillen Tal. Sie können die Augen auch ganz leicht schließen, um so tief bei sich zu sein...

Vielleicht lauschen Sie Ihrem Atem...

dem Einströmen... und dem Ausströmen...

Ein beständiger Fluss von Einströmen und Ausströmen, der für Ihr Wohlbefinden sorgt...

[ganz sanft:] Ja...

Während Sie ganz sanft tiefer und tiefer in Ihr angenehmes Empfinden gleiten, können Sie leicht meiner Stimme folgen:

Fühlen Sie sich eingeladen zu einer Reise in ein Land, in dem die Luft sehr klar und licht ist. Sie atmen tief und frei... und Sie atmen voller Freude die klare lichte Luft...

Ein.. und aus...

Atmen Sie noch ein paar Mal ein, tief ein...

und langsam... sehr langsam aus...

so, wie es für Sie jetzt richtig ist...

Während Sie atmen weitet sich Ihre Brust... und Ihr Herz ist frei und leicht.

Ganz ruhig atmen Sie ein... und langsam... sehr langsam aus...

Ja, gut...

Die Luft ist erfrischend und leicht. Sie sind angekommen und erkennen das Haus, in dem Sie sind. Es ist Ihr Haus,

das in allen Teilen ganz genau richtig für Sie ist.
Sie schauen sich dieses Haus an... den Raum, in dem Sie gerade sind...

[fünf Sekunden Pause]

danach den Raum im Obergeschoss...

[fünf Sekunden Pause]

schließlich den Dachboden...

[fünf Sekunden Pause]

und dann den weitläufigen Keller...

[fünf Sekunden Pause]

Schließlich gehen Sie zu der Kellertür hin, die ins Freie führt. Sie schauen sich die Türe an. Wie sieht sie aus?... Aus welchem Material ist sie?... Welche Farbe?...

Steckt da etwa ein Schlüssel im Schloss?

Sie berühren die Klinke... und die Tür öffnet sich etwas. Sie machen die Tür weit genug auf und treten hinaus:

Ahhhhh...

Sie blicken auf einen w-u-n-d-e-r-v-o-l-l-e-n großen Garten. Sie schauen sich um: Ja, das ist der Garten I-h-r-e-s H-a-u-s-e-s.

Die Luft ist mild und klar. Das Licht der Nachmittagssonne liegt wie Goldstaub auf den Blättern der Bäume. [staunend:] Welche Pracht!

Das ist Ihr Garten. Sie haben ihn geplant und jede Pflanze an die richtige Stelle gesetzt. Es ist Ihr Werk. Alles grünt und blüht nach Ihrem Plan. Duft von reifen Früchten weht Ihnen entgegen. Sie atmen ein, und Ihre Brust füllt sich mit der reinen hellen Luft. Angenehme Weite...

Sie sind sicher und ruhig... und Sie atmen langsam aus... langsam aus...

Es gibt viele schöne Plätze in Ihrem Garten.

Schauen Sie sich um: vielleicht sehen Sie eine schattige Bank unter einem Baum; vielleicht eine einladende Nische in einer Hecke; vielleicht einen kleinen Pavillon?

Wie sieht der allerschönster Ort in Ihrem Garten aus?

[fünf Sekunden Pause]

Ja... er ist wirklich schön...

Betreten Sie Ihren allerschönsten Ort. Er ist einmalig... er ist ganz besonders... Treten Sie ein.

[ganz sanft:] Ja...

Sie betreten den heiligen Raum Ihres Gartens. Und Sie gehen tiefer und tiefer hinein zu dem Ort, wo das Geheimnis behütet ist: die innere Quelle der Kraft, die den Garten nährt.

Der Garten ist der Mondbezirk des Hauses. Der Mondbezirk ist der heilige Raum, den Sie sich geschaffen haben und den Sie jetzt betreten. Er behütet einen See, auf dem der Mond schwimmt... millionenfach auf jeder einzelnen Welle...

Ein kleines Boot liegt am Ufer und lädt Sie ein. Und Sie nehmen an.

Das Boot bewegt sich wie von selbst voran... von den sanften Wellen getragen... zu einer kleinen Insel... in der Mitte des Sees...

Ihr Fuß wird von dem weichen Boden der Insel sanft und sicher empfangen. Es ist angenehm, darauf zu gehen.

Sie gehen weiter und weiter... in das Zentrum der Insel... und kommen an einen Ort... einen ganz besonderen Ort... an Ihren geweihten Ort... und vor Ihnen steht ein geschmückter Tisch, eine wundervoll dekorierte Tafel. Das ist Ihre geweihte Tafel... das ist Ihr Altar in würdevoller Schönheit!

[zehn Sekunden Pause]

Wie von einem Zauber getragen, erhebt sich aus dieser Pracht eine Schatulle... Sie ist über und über reich dekoriert... und mit edlen Steinen verziert... Sie blinkt.. und glänzt... und in dem feinen, kleinen Schlösschen lädt ein güldenes Schlüsselchen dazu ein, aufzuschließen... und den Deckel zu heben... Sie fühlen sich eingeladen... Und Sie tun es...

[fünf Sekunden Pause]

Welch ein Glanz in Ihrem Auge!...

Rosa-goldenes Licht... strahlt hervor... Vielleicht...

erscheint Ihnen dieses Rosagold wie eine Lichtblüte, die eingebettet ist in ein zartes Gewebe von moosigem Grün... Behüten Sie dieses Bild in Ihrem Herzen... die Rose aus Licht.
Es ist Ihr Schatz...

[fünf Sekunden Pause]

Es ist der wertvollste und allergrößte Schatz im Herzen Ihres Gartens und Ihres Hauses. Sie sind hierher gekommen auf Ihre geheime Insel, in Ihren verborgenen Garten.. um diese heilige Schatulle zu öffnen und sich des kostbaren Inhaltes zu vergewissern... den Reichtum der rosagoldenen Lichtrose...

Genießen Sie den Anblick... dieser Schönheit... und die Kraft, die Sie durchströmt...

[ganz sanft:] Ja...

genießen Sie es...

Machen Sie auf der Leinwand Ihrer Seele ein Foto von Ihrer immer sprudelnden Quelle des Reichtums, damit Sie jederzeit wieder eintauchen können...

[fünf Sekunden Pause]

Jetzt aber ist es Zeit, die Schatulle wieder zu schließen und zurück auf den geschmückten Tisch zu stellen... Mit leichten Schritten gehen Sie zum Boot, fahren lautlos über den See zurück und sind wieder in Ihrem Sommergarten, wo der Nachmittag schon golden ist.

Zurück zum Haus, vorbei an duftenden Kräuterbeeten und Blumenrabatten. Sie treten ein, schließen die Türe hinter sich... fühlen das Haus um sich herum... Sicherheit... Heimat... Wärme...

Leichtfüßig.. als würden Sie von Engeln getragen, gehen Sie in die obere Etage und treten an das Fenster. Von hier oben haben Sie den schönsten Blick... Aus der Geborgenheit Ihres Hauses schauen Sie hinaus auf den Reichtum ihres Gartens... Wohlstand und Fülle.

Nun aber treten Sie vom Fenster zurück und setzen sich. Sie sitzen auf Ihrem Sitz... Sie spüren die Sitzfläche und Sie spüren den Halt, den Ihnen Ihr Sitz gibt...

Sie sind zurück in diesem Raum und Sie fühlen sich empfangen. Und wenn es richtig für Sie ist, dann ballen Sie jetzt kräftig die Fäuste... stemmen die Füße gegen den Boden... strecken sich etwas... atmen kraftvoll durch...

und kommen a-l-l-m-ä-h-l-i-c-h zurück in das Hier und Jetzt.

Und dann... ganz in Ihrem Tempo... öffnen Sie wieder Ihren Blick für diesen Raum, in dem Sie hier sind.

Suggestionen formulieren

■ Wenn wir Suggestionen entwerfen, dann sind zwei Fragen zu klären: Was soll formuliert werden? Und wie soll es formuliert werden?

Hinter der Frage nach dem Was steht das Ziel beziehungsweise die Veränderung, die bewirkt werden soll. Bei der Visualisierung übermitteln wir dem Unbewussten ein Bild des Zielzustands (Zielvisualisierung) oder des Prozesses der zum Ziel führt (Prozessvisualisierung). Diese Bilder prägen das Unbewusste mit der Zeit, so wie fließendes Wasser eine Rinne immer tiefer eingräbt.

Mit der Suggestion beabsichtigen wir, die ›Programmierung‹ des Unbewussten zu ändern. Wir alle haben aufgrund der Sozialisation, die wir durchlaufen haben, also die Umstände, unter denen wir herangewachsen sind, unsere Erlebnisse und Eindrücke, bestimmte Überzeugungen, die allgemein Glaubenssätze *(believes)* genannt werden. Das sind zum Beispiel ethische und soziale Werte, aber eben auch Sätze wie: »Aus dir wird nie etwas«, die sich irgendwann tief in die kindliche Seele eingegraben haben und bis heute den Strom unserer Gedanken kanalisieren, ohne dass uns das in der Regel bewusst wird. Wir erleben nur das Resultat. Typisch ist dann, dass jemand trotz guter Anlagen nur wenig zustand bringt: »Ich kann machen, was ich will, es klappt nie.« Obwohl er das Zeug dazu hat, verhält sich der Mensch unbeabsichtigt und unbewusst so, dass die Prophezeiung: »Aus dir wird nie etwas«, wahr wird.

In der Hypnose hinterlegen wir im Unbewussten eine neue, positive Überzeugung, der unsere Ziele unterstützt und das Schwere aus unserem Leben nimmt. Doch so einfach ist das nicht, denn wir können unserem Unbewussten nicht einfach sagen: »Ich bin erfolgreich.« Wenn sich jemand für einen Versager hält und sich diesen Satz vorspricht, regt sich in ihm ein Widerstand, nämlich der etablierte ältere Glaubenssatz, dass nie etwas aus ihm wird. Damit sind wir bereits beim Wie des Formulierens.

Doch bleiben wir zunächst beim Was. Wenn es um vergleichsweise einfache Verhaltensänderungen geht, wie beispielsweise die Nikotinentwöhnung oder die

Gewichtsreduktion, können wir das mit Visualisieren erreichen: »Ich schaue in den Spiegel und sehe mich mit meinem Idealgewicht« oder durch Suggestion: »Ich esse gesunde Nahrungsmittel, die mir gut tun.« Damit kann Gewichtsreduktion erreicht werden. Möglicherweise, ja wahrscheinlich liegt hinter dem Verhalten jedoch ein Glaubenssatz, zum Beispiel: »Aus mir wird nie etwas.« Wenn jemand erfolglos ist, erlebt er das als Liebesentzug und kann gelernt haben, die mangelnde Liebe durch zusätzliches Essen zu kompensieren. Auf dieser Grundlage wird eine Änderung des Essverhaltens durch Visualisieren nur begrenzt wirksam sein. Erst wenn der zugrunde liegende Glaubenssatz gelöscht beziehungsweise überschrieben ist, kann die Änderung des Essverhaltens dauerhaft erfolgreich werden.

An dieser Stelle stößt die Selbsthypnose an gewisse Grenzen, weil wir Glaubenssätze (ohne fremde Hilfe) nur durch Selbsterkenntnis entdecken können. Fangen Sie deshalb mit dem an, was für Sie vordergründig sichtbar ist, also im Beispiel der Änderung des Essverhaltens. Üben Sie sich parallel darin, Ihre Gedanken bewusst wahrzunehmen, zum Beispiel wenn Sie des Nachts vor dem geöffneten Kühlschrank stehen. Hunger hat Sie gewiss nicht dorthin geführt. Was empfinden Sie? Was geht Ihnen durch den Kopf? Vielleicht fühlen Sie sich vernachlässigt, ungeliebt, haben ein emotionales Defizit? Nachts, wenn die Sehnsucht kommt... Ihre Suggestion könnte dann darauf aufbauen: »Ich liebe die Menschen um mich herum mehr und mehr. Und jeden Tag erkenne ich mehr und mehr, wie liebenswert ich bin.«

Auf die Frage, wie Suggestionen formuliert werden sollten, gibt es viele Hinweise. Dieses Gebiet ist inzwischen weit entwickelt und es gibt viele ausgefeilte Methoden. Es übersteigt natürlich den Rahmen eines solchen Buchs, auf alle diese Feinheiten einzugehen. Für den Hausgebrauch genügen auch einige Grundsätze. Wenn Sie ernsthaftere Probleme haben, sollten Sie sich ohnehin in die Fürsorge eines erfahrenen Hypnotherapeuten begeben.

Bevor Sie damit beginnen, eine Suggestion zu formulieren, studieren Sie noch einmal gründlich die Hinweise, wie Hypnosetexte, also Induktion, Suggestion/Visualisierung und Ausleitung, gesprochen werden sollen, weil das Sprechen schon einige Vorgaben für das Formulieren macht.

Wie erwähnt gibt es in unserem Bewusstsein eine Instanz, die Widerstand leistet. Wenn dieser Widerstand erregt wird, führt das dazu, dass der Trance-Zustand geschwächt oder sogar verlassen wird. Deshalb ist es oberstes Prinzip, nichts zu formulieren, was Widerstand auslöst. Wenn Sie eine Trance für die Aufzeichnung sprechen, spüren Sie meist sehr genau, wo sich bei Ihnen Widerstand regt. Nehmen Sie das unbedingt ernst und formulieren die betreffende Stelle anders. Das gilt übrigens nicht nur für die eigentliche Suggestion sondern auch für die Induktion und die Ausleitung.

Formulieren Sie so, wie Sie normalerweise auch sprechen. Bilden Sie einfache und kurze Sätze. Verwenden Sie keine Bilder und Wörter, die (bei Ihnen) unangenehme Assoziationen (Widerstand) auslösen. Wenn Sie in den vorformulierten Texten dieses Buchs auf solche Bilder oder Wörter stoßen, ändern Sie die betreffenden Stellen.

Formulieren Sie die Suggestion immer positiv, um den Widerstand zu verringern. »Ich werde heute keine Kopfschmerzen haben«, ist eine negative Suggestion. »Mein Kopf wird heute frei sein und ich werde mich wohl fühlen«, ist positiv.

Eine positive Suggestion wird noch leichter angenommen, wenn sie mit einem passenden Gefühl verbunden wird: »Wie meine Entspannung zunimmt, wird mein Schmerz immer geringer und verklingt schließlich vollständig wie ein Ton, der immer schwächer wird. Ich werde heute keine Kopfschmerzen haben.« Wenn sich ein Kind weh getan hat, sagt die Mutter: »Ich puste und der Schmerz fliegt davon.« Die Suggestion, der Schmerz flöge davon, wird durch die Empfindung des Pustens bestätigt. Der Schmerz lässt nach beziehungsweise wird nicht mehr so dominant wahrgenommen.

Suggestionen sollten immer geradlinig und unzweideutig formuliert werden, um Missverständnisse und Verwirrungen zu vermeiden. Je komplizierter eine Suggestion ist, desto schwerer ist sie aufzunehmen und umzusetzen. Deshalb soll in jeder Suggestion auch nur ein Thema behandelt werden, gegebenenfalls mit seinen verschiedenen Facetten, aber eben nur ein klar umrissenes Thema.

Wenn Sie mit der Selbsthypnosearbeit beginnen und die Vorübungen absolviert haben, die ich vorschlagen habe, dann machen Sie sich eine Liste der Themen, die Sie behandeln wollen. Wenn Sie diese Liste geschrieben haben, wählen Sie daraus zunächst ein Thema, dass Sie für nicht so sehr schwierig erachten. Bearbeiten Sie dieses Thema dann regelmäßig so lange, bis Sie es geklärt haben oder zumindest eine beträchtliche Besserung feststellen. Streichen Sie das Thema dann auf Ihrer Liste durch und wählen das nächste. Gehen Sie von jetzt an nach Gefühl vor. Wählen Sie jeweils das Thema, von dem Sie meinen, dass es in diesem Augenblick genau das richtige ist. Bearbeiten Sie es in den folgenden Tagen und Wochen, bis Sie eine entsprechende Besserung feststellen. Dann wählen Sie das nächste Thema. In der Zwischenzeit können Sie Ihrer Liste natürlich auch weitere Themen hinzufügen.

Versuchen Sie nicht, etwas zu erzwingen. Das Wort »muss« sollte in keiner Suggestion vorkommen. Je mehr man willentlich versucht, etwas zu tun, desto geringer ist die Aussicht, dass es gelingt. Je intensiver man beispielsweise versucht, sich an einen Namen zu erinnern oder einzuschlafen, desto weniger gelingt es. Wann immer Imagination und Wille in Konflikt geraten, setzt sich die Imagination durch. Wenn Sie sich mit Selbsthypnose beschäftigen, betonen Sie die Kraft der Imagination statt die des Willens.

Wir können dem Unbewussten nicht im Kommandoton Anweisungen erteilen, das erzeugt nur Widerstand. Stellen Sie sich das Unbewusste als ein Kind vor. Wenn Sie es maßregeln, bockt es. Vermeiden Sie deshalb alles, was auch nur den leisesten Eindruck von Bevormundung erweckt. Eine Empfehlung wird eher umgesetzt als ein Befehl. Wenn Sie Schmerzen haben und sich die Suggestion geben würden: »Ich will, dass die Schmerzen aufhören« (was tatsächlich keine Suggestion ist), dann geschieht überhaupt nichts. »Ich werde still und horche in mich hinein. Ich nehme den Schmerz war wie ein Beobachter. Ich lasse den Schmerz zu und gebe ihm Raum schwächer und immer schwächer zu werden. Mit jedem Atemzug, den ich mache, wird der Schmerz schwächer und schwächer.« Mit einer solche Suggestion machen Sie einen Vorschlag (ich gebe dem Schmerz Raum, schwächer zu werden) und verbinden das mit einer Empfindung (dem Atmen).

Wirkungsvoll sind nur Empfindungen und Bilder. So wie Sie ein Kind nicht mit Argumenten überzeugen können (viele Erwachsene machen diesen Fehler in der Erziehung), so ist auch Ihr Unbewusstes rationalen Gedanken nicht zugänglich. Es ist mehr wie eine Leinwand, die durch Ihre Erfahrungen bemalt wird. Da gibt es vielleicht ein paar schreckliche Monster wie bei späten Werken von Goya, doch es hilft gar nichts zu sagen, dass es nur Bilder sind, die Ihnen nichts tun. Dadurch verlieren sie nicht ihre Wirkung. Mit der Hypnose nehmen wir einen dicken Pinsel und malen neue, schöne Bilder auf die Leinwand (machen andere Erfahrungen), wodurch die düsteren nach und nach überdeckt werden.

Eines der wichtigsten Elemente ist die Wiederholung. Wenn die Aufmerksamkeit wieder und wieder auf eine Vorstellung gerichtet wird, bildet sie sich immer stärker im Unbewussten ab. Das ist viel wirksamer als Argumentieren oder der Versuch zu überreden. Ein Beispiel dafür ist die Produktwerbung, eine Form der Wachhypnose. In der Werbung wird nicht argumentiert, es werden Bilder vermittelt: Ein starker Mann mit einer schönen Frau benutzt ein bestimmtes Deodorant. Der Markenname wird möglichst oft wiederholt, damit er sich einprägt. Weil sich der Betrachter mit den Menschen identifiziert und die Situation nach dem Gesetzt der Nähe (unbewusst) mit dem Deodorant in Verbindung bringt, wird sein voraussichtliches Verhalten – je öfter er diese Szene sieht – verändert, ohne dass er sich bewusst wird, dass er beeinflusst wird.* Durch positive Vorstellungen und angenehme Bilder wird vermieden, dass der kritische Widerstand erregt wird. So gelangen die Bilder direkt ins Unterbewusstsein. Je öfter diese Eindrücke wiederholt werden, desto mehr prägen sie sich ein und beeinflussen dadurch das künftige Verhalten. Das Unbewusste kann nicht unterscheiden, ob eine Erfahrung ›echt‹ oder nur vorgestellt ist. Das heißt zum Beispiel, dass sich Gewalt, die im Fernsehen

*Produkte, die beworben werden, sind gewöhnlich von minderer Qualität. Da hilft Argumentation ohnehin nicht. Wirklich hochwertige Produkte brauchen keine Werbung. Es wird viel Werbung für Sekt gemacht, den Sie im Supermarkt kaufen können. Für wirklich hochwertigen Sekt wird keine Werbung gemacht.

oder in Videospielen gesehen wird, genauso ins Unbewusste einprägt wie tatsächlich erlebte Gewalt, und entsprechend das Verhalten beeinflusst.

Wenn jemand ständig Misserfolge hat, wird er sich unter diesem Eindruck immer depressiver verhalten. Wenn er dann aber immer öfter die Erfahrung von Erfolg macht, wird sich sein Verhalten entsprechend aufhellen, was dann wiederum den Erfolg unterstützt. In der Hypnose vermitteln wir uns solche Erfahrungen wieder und wieder, um dadurch unser Unbewusstes zu prägen und entsprechendes Verhalten zu bewirken.

In Hypnosetexten werden oft bestimmte Wörter wiederholt, um diesen Effekt zu nutzen. Wie solche Wiederholungen zu sprechen sind, haben wir schon betrachtet: Nach dem Wort wird eine kleine Wirkpause gemacht und dann wird das Wort wiederholt, wobei sich die Stimme senkt, als ob sie die Treppe hinabsteigt. Diese Art zu sprechen verstärkt die Wirkung der Wiederholung, weil gleichzeitig der Trance-Zustand vertieft wird. Das Wort wird regelrecht ins Unbewusste eingebettet.

Wiederholungen schaffen einen gewissen Rhythmus. Wenn Sie eine Suggestion formulieren, sollten Sie grundsätzlich auf den Rhythmus der Wörter achten. Die Sätze sollten angenehm fließen. Bestimmte Wörter werden mit entsprechender Betonung wiederholt, um den Rhythmus zu unterstreichen:

Und dies wird fortgesetzt jeden Tag geschehen... und ich werde diese Gefühle immer wieder erleben, jeden Tag... genauso stark... genauso sicher... genauso kraftvoll... Ich werde diese Gefühle auch erleben, wenn ich mich an anderen Orten und in anderen Situationen befinde, als gerade jetzt.

Wenn Sie diese Suggestion laut lesen, werden Sie bemerken, dass die Betonung der drei Wörter »stark«, »sicher« und »kraftvoll« einen Rhythmus erzeugt. Sie werden auch bemerken, dass diese drei Wörter wohl bedacht gewählt sind. Sie ermöglichen nicht nur die Wiederholung, sie drücken auch den grundlegenden Gedanken auf drei verschiedene Arten aus. Und es wird der posthypnotische Befehl gegeben, dass sich dieses gute Gefühl über die Hypnose hinaus etabliert.

Betonung ist ein anderes wichtiges Element, das die Formulierung einer Trance beeinflusst. Ein zentraler Begriff wie beispielsweise Selbstvertrauen, kann in einem Text durch Betonung hervorgehoben werden, um ihn im Unbewussten besonders zu verankern. Weil die Trance selbst sehr fließend und sanft gesprochen wird, unterbricht die besondere Betonung die Trance für einen Moment. Das ist durchaus gewollt: Wir sind im Trance-Zustand, Betonung markiert einen Begriff, dadurch wird die Trance kurz geschwächt, um sogleich wieder vertieft zu werden. Es ist eine der Methoden, die Tiefe der Trance zu steigern, dass man sie kurz unterbricht und dann wieder vertieft, wodurch sie noch tiefer wird.

Beim Märchenerzählen (auch eine Form der Trance*) wird das oft genutzt. Durch die Erzählung sind die Zuhörer in Trance. Eine Formulierung wie etwa: »Und wie geht das Märchen nun weiter?«, unterbricht die Trance,

*Günter Kieser, Felix von Bonin: Heiltrance für Kinder. Ahlerstedt (Param) 2005. ISBN 978-3-88755-267-1

um sie danach, wenn weitererzählt wird, nur noch mehr zu vertiefen.

Wenn Sie festgelegt haben, was Gegenstand Ihrer Suggestion ist, und beim Formulieren die Grundregeln für das Wie beachten, dann müssen Sie noch die Umsetzung des erwünschten Ziels berücksichtigen. Natürlich kann mit Hypnose nichts Unmögliches bewirkt werden. Wenn Ihnen Ihre Nase nicht gefällt, wird sie mit Hypnose nicht zu verschönern sein. Das Beispiel ist natürlich albern, doch es ist schon zu bedenken, wie realistisch Ihr Ziel ist, weil es sonst Widerstand erzeugt. Das heißt nicht, dass Sie kleine Brötchen backen sollen, ganz und gar nicht, streben Sie handfeste Ziele an, aber bleiben Sie im Rahmen. Praktisch kann das bedeuten, ein größeres Ziel in kleineren Schritten anzustreben.

Das gilt auch für den Verlauf. Dem Unbewussten muss Zeit gegeben werden, die Suggestion aufzunehmen und umzusetzen. Mit der Suggestion: »Ich bin von jetzt an voller Selbstbewusstsein«, riskieren Sie, dass im Alltag Zweifel wachsen und Sie die Anwendung der Selbsthypnose schnell wieder aufgeben. »Mein Selbstbewusstsein wächst von Tag zu Tag«, hat das gleiche Ziel, lässt aber dem Unbewussten Raum, die Strukturen nach und nach zu verändern. Sie werden kleine Besserungen bemerken und das wird Sie motivieren weiterzumachen, was zu größeren Besserungen führt. Zuversicht und Beharrlichkeit sind wichtige Haltungen, um (nicht nur mit Selbsthypnose) erfolgreich zu sein: Steter Tropfen höhlt den Stein.

Mustertexte für Suggestionen

■ In diesem Kapitel finden Sie eine Reihe von Mustertexten für verschiedene Zielstellungen, die Sie verwenden oder Ihren Bedürfnissen entsprechend umändern können. Im Internet finden sich leicht Mengen von Trance-Texten, die allerdings kritisch geprüft werden sollten, bevor man sich ihnen aussetzt.

Eine Suggestion muss nicht sehr lang sein. Wenn Sie nach entsprechender Übung schnell und leicht in den Trance-Zustand gelangen und deshalb nur eine kurze Induktion (6 oder 7) benötigen, können Sie sich Kurz-Hypnosen zusammenstellen, die Sie je nach Bedarf anwenden. Es genügen fünf Minuten, vier Minuten Induktion, eine Minute Suggestion, eine Minute Ausleitung. Es ist wichtig, nicht an der Ausleitung zu sparen. Auch wenn man es nicht immer bemerkt, ist das System durch die Induktion in einem tiefen Ruhezustand, aus dem man nicht zu schnell wieder herausspringen sollte.

Wenn es Ihr Tagesablauf zulässt, können sich Sie eine solche Kurz-Hypnose mehrmals am Tag mit einem mobilen Abspielgerät anhören. Wenn Sie zum Beispiel durch die Anforderungen Ihrer Arbeit immer wieder aus dem Gleichgewicht kommen und deshalb Fehler machen, können Sie sich eine entsprechende Hypnose zusammenstellen. Wenn Sie die Belastung feststellen, machen Sie eine kleine Pause, gehen Sie beispielsweise auf die Toilette, und hören die Trance.

[Induktion] In dieser tiefen Ruhe weiß ich, dass ich meine Arbeit gut mache. Ja... ich mache meine Arbeit gut und deshalb bin ich ruhig... und gelassen... und sicher... Manchmal scheint die Sonne und manchmal regnet es, *[Schlüsselwort]*, doch ich bin immer ruhig... und gelassen... und sicher... Manche Kunden sind freundlich und manche sind anstrengend, doch ich bin ruhig... und gelassen... und sicher... *[Schlüsselwort]*... Ich mache meine Arbeit gut... und wenn ich jetzt an meinen Platz zurückgehe, dann bin ich ruhig... und gelassen... und sicher... [Ausleitung]

Alkoholentwöhnung

Ich will keinen Alkohol mehr trinken... keinen Alkohol... in keiner Form und Menge... Mein Wunsch ist stark... sehr stark... und wird von Tag zu Tag stärker...

Die tiefe Ruhe in mir... gibt mir die Kraft... mich gegen den Alkohol durchzusetzen... Ich erlaube niemandem, Macht über mich zu haben... auch dem Alkohol nicht... Ich bin frei...

Meine Absicht, mich von der Sucht... zu befreien... ist so stark... dass ich keinen Alkohol mehr anrühre... in keiner Form und Menge... Meine Absicht, mich zu befreien... ist so stark, dass ich mich dem Drängen und der Verführung durch andere... selbstbewusst widersetze...

Tag für Tag wird das Lechzen nach Alkohol schwächer... und immer schwächer... bis ich es ganz überwunden habe... Meine Absicht, mich zu befreien... ist so stark, dass ich das Lechzen nach Alkohol überwinde... und eine starke Abneigung gegen Alkohol in jeder Form und Menge entwickele...

Wann immer mich Schmacht auf Alkohol überkommt, werde ich *[fügen Sie hier ein, was Sie gerne lutschen und einen scharfen Geschmack hat, zum Beispiel Pfefferminzpastillen oder Hustenbonbons]* lutschen... die ich immer bei mir habe...

Wenn ich *[...]* lutsche... verschwindet der Drang nach Alkohol augenblicklich... Das ist auch in Gesellschaft ein guter Schutz für mich...

Ich habe die Kraft, die Ruhe in mir zu erfahren... die tiefe Ruhe... und genauso habe ich auch die Kraft... mit dem Trinken aufzuhören...

Tag für Tag schwindet der Drang zu trinken mehr und mehr... und ich fühle mich stärker... und stärker... Ich erkenne mehr und mehr... dass Alkohol Gift für mich ist... und mein Wunsch wächst... mehr und mehr... frei zu sein... Tief in meinem Inneren... in der Stille... und der Kraft... meines Seins... will ich frei sein... und deshalb werde ich frei sein... Tag für Tag schwindet der Drang zu trinken... und verschwindet schließlich ganz...

Tag für Tag werde ich mich stärker fühlen... und der Drang zu trinken wird schwächer... und immer schwächer... Ich werde in Gesellschaft alkoholfreie Getränke trinken... und ich werde mich dabei stolz fühlen... überlegen... und selbstbewusst... Ich bin frei... Ich entscheide mich für das... was wirklich gut für mich ist...

Allergie

Diese tiefe Ruhe... und Entspanntheit... Ich nehme sie in mich auf und werde Tag für Tag ruhiger und entspannter. Und deshalb werde ich auch ruhig und entspannt bleiben, wenn ich

- mit *[setzen Sie hier den Namen einer Person ein, deren Gegenwart Sie belastet]* zusammen bin
- *[oder beschreiben Sie eine Situation, die Sie belastet.]*

Ich werde ruhig und entspannter bleiben und die Situation mit Leichtigkeit meistern. Deshalb kann ich ganz entspannt bleiben... vollkommen ruhig... vollkommen selbstsicher...

Ich spüre die tiefe Entspannung und Ruhe... *[Schlüsselwort]*... *[Schlüsselwort]*... *[Schlüsselwort]*... Und zu dieser tiefen Entspannung und Ruhe komme ich augenblicklich zurück... wenn sich eine allergische Reaktion ankündigt...

Tag für Tag werden meine Nerven stärker... und stärker... Ich bin immer sehr an dem interessiert, was ich gerade tue. *[Allergen]* beachte ich weniger... und immer weniger...

Tag für Tag werde ich emotional ruhiger... viel friedvoller... viel ausgeglichener...

Tag für Tag werde ich mich besser fühlen... ein starkes Gefühl persönlicher Sicherheit... und Freiheit von Reaktionen auf *[Allergen]*.

Tag für Tag werde ich entspannter... Dadurch entwickele ich Zuversicht... viel mehr Vertrauen in meine Fähigkeiten... meine Fähigkeit, mich ohne wenn und aber... von der Reaktion auf *[Allergen]* zu befreien.

Weil das genau so geschehen wird, wie ich es jetzt meinem Unterbewusstsein aufgetragen habe... *[Schlüsselwort]*... werde ich viel glücklicher sein... viel zuversichtlicher... viel zufriedener...

Von jetzt an wird die Reaktion auf *[Allergen]* von Tag zu Tag schwächer... und schwächer... bis ich ganz davon frei bin... ganz frei.

Asthma

Jetzt bin ich in dem entspannten Zustand angenehmer Trance. Und nun werde ich rückwärts von Zwanzig bis Eins zählen. Bei jeder Zahl werde ich tief einatmen und dabei die Fäuste ballen... und dann die Fäuste entspannen und vollständig ausatmen. Jetzt fange ich an zu zählen.

[Lassen Sie hier eine Pause, wie Sie für die zwanzig Atemzüge Zeit brauchen, und ein klein wenig mehr.]

[ganz sanft:] Gut...

Diese Übung mache ich drei Mal am Tag... Meine Neigung zur asthmatischen Reaktion wird allmählich schwächer... und schwächer... und schwächer... Und meine innere Sicherheit wird größer... und größer... und größer...

Wenn ich trotzdem einen Anfall bekomme... schon wenn sich erste Anzeichen zeigen... erinnere ich mich sofort an die tiefe Entspannung... und Selbstsicherheit... die ich jetzt gerade empfinde... atme tief ein und spreche innerlich: *[Schlüsselwort]... [Schlüsselwort]... [Schlüsselwort]...*

Gleich danach werde ich die Übung machen, von Zwanzig bis Eins zu zählen... Einatmen, Fäuste ballen... Ausatmen, Fäuste lösen... So werde ich den Anfall abwenden, bevor er beginnt... und wenn der Anfall doch kommt, wird er viel schwächer sein als sonst.

Tag für Tag wird meine innere Sicherheit größer... und größer... Ich vertraue mir... und meinem Körper... Ich bin geschützt.

▶ Gewichtsabnahme

In dieser tiefen Entspannung weiß ich... ich liebe meinen Körper. Ich habe die Macht, mein Unterbewusstsein neu zu instruieren, um die alten Gedanken über Essen und mein Selbstbild zu verändern.

Wenn ich esse, nehme ich immer nur wenig und kaue es gründlich, bis es ganz verflüssigt ist. Dann erst schlucke ich es hinunter. Ich esse immer nur kleine Portionen. Ich esse wenig und langsam und werde so die Mahlzeiten mehr genießen. So fühle ich mich schnell gesättigt. Ich esse nie, ohne hungrig zu sein.

Nun spreche ich mich einige Sätze vor, die ich dann im Geist wiederhole und gleich danach dreimal still *[Schlüsselwort]* spreche.

[Lassen Sie nach jedem Satz eine kleine Pause, in der Sie den Satz in Gedanken wiederholen können.]

Ich habe Tag für Tag mehr Genuss an weniger Essen.

Ich esse nur zu den Mahlzeiten. Ich esse langsam und genieße jeden einzelnen Bissen.

Woche für Woche sinkt mein Gewicht beständig.

Ich werde schlank und rank.

Tag für Tag wächst meine Kontrolle über meine Essgewohnheiten.

Tag für Tag wächst meine Vorliebe für Nahrungsmittel, die mich gesund und schlank machen.

Wenn mich im Laufe des Tages der Drang überkommt, irgendetwas zu essen, denke ich: »*[Schlüsselwort]... [Schlüsselwort]... [Schlüsselwort]...*« Dann wende ich mich wieder meiner Tätigkeit zu. Wenn ich den Essdrang wiederholt übergehe, verschwindet er mit der Zeit.

Ich denke nicht mehr, dass ich übergewichtig sei. Wenn ein solcher Gedanke kommt, werde ich ihn bewusst wahrnehmen und dann sagen: »Ich bin schlank. *[Schlüsselwort]...* Ich bin schlank... *[Schlüsselwort]... [Schlüsselwort]... [Schlüsselwort]...*«

Ich esse ganz bewusst nur noch, was mich gesund und geistig wach hält. Ich werde mir ansehen, was ich esse.

Ich werde beobachten, wie ich kaue. Ich werde spüren, wie ich es hinunterschlucke. Wenn ich esse, werde ich nur essen und nichts nebenbei tun, keine Musik hören, kein Fernsehen, keine Gespräche. Ich werde mich ganz auf das Essen konzentrieren.

Ob ich dick bin oder dünn, ich bin immer die gleiche Person. Deshalb brauche ich auch keine Angst zu haben, etwas von mir zu verlieren, wenn ich Gewicht verliere. Ich werde jede Woche *[realistische Mengenangabe]* Gramm Gewicht verlieren. Ich wiederhole das jetzt in Gedanken drei Mal.

[kleine Pause dafür]

Tag für Tag fällt es mir leichter, mich an diese Regeln zu halten und bewusst zu essen. Ich genieße kleinere Mahlzeiten. Die Irritationen und Ärgernisse des Alltags perlen an mir ab wie Wasser. Ich genieße das Essen, das mir schmeckt und gesund ist.

Jeden Tag werde ich entspannter... und entspannter... Die Entspannung wird mich friedvoller machen. Jeden Tag werde ich friedvoller... und gefasster... Jeden Tag werde ich mehr Zuversicht spüren... mehr Selbstsicherheit... mehr Vertrauen...

Es gibt in der Ernährungswissenschaft einen Ansatz, nach dem Zucker bei entsprechendem Missbrauch süchtig machen kann. Wenn man bedenkt, welche Mengen Zucker in industriell verarbeiteten Ess- und Trinkprodukten enthalten ist, kann die für den Körper tolerierbare Menge leicht überschritten werden. Wenn Sie Ihr

Essverhalten beobachten und den Verdacht liegen, Sie könnten eine Suchtreaktion auf Zucker haben, versuchen Sie die Suggestion »Alkoholentwöhnung«, wobei Sie für das Wort Alkohol jeweils Zucker einsetzen. Bei der Lutschempfehlung sollten Sie nicht etwa zu einem zuckerfreien Pfefferminz greifen, weil Zuckerersatzstoffe eine ähnliche Wirkung haben können. Ich empfehle, eine Gewürznelke zu kauen. Das macht zusätzlich den Atem frisch und stillt den Hungerreflex.

Hautprobleme

Meine Durchblutung wird von Tag zu Tag besser... besonders die Durchblutung der feinen Kapillaren, von denen die Haut versorgt wird. Mein Herz wird mehr Blut in die Kapillaren der Haut pumpen. So wird die Haut besser versorgt und ernährt.

Meine Haut wird gesünder... Das Gewebe beruhigt sich... Der Ausschlag geht von Tag zu Tag zurück... bis er schließlich ganz verschwindet... und durch neue, gesunde Haut ersetzt ist.

Meine Blutzirkulation wird besser... und meine Nerven werden stärker... und beständiger... Dann wird meine Haut widerstandsfähiger... und viel weniger irritiert...

Die Irritation der Haut wird nachlassen... Tag für Tag mehr nachlassen... und der Juckreiz wird nachlassen... Tag für Tag mehr nachlassen... bis er ganz verschwunden ist...

Der Juckreiz lässt Tag für Tag nach... und wird weniger... lässt nach... und wird weniger... und *[Schlüsselwort]* verschwindet ganz...

Wenn ich feststelle, dass ich mich kratzen will... in dem Moment, in dem meine Fingernägel die Haut berühren... wird mir augenblicklich bewusst, was ich gerade tun will... und es wird mir ganz leicht fallen... es zu lassen... Dann fühle ich die tiefe Entspannung... *[Schlüsselwort]... [Schlüsselwort]... [Schlüsselwort]...* und der Juckreiz lässt augenblicklich nach.

Weil ich die Haut nicht mehr aufkratze... fühle ich mich nicht mehr unzufrieden und unwohl... und meine Haut kann besser ausheilen... Der Ausschlag wird viel schneller verschwinden...

Selbst wenn ich doch zu kratzen anfange, zum Beispiel nachts im Schlaf... wenn meine Fingernägel die Haut berühren... wache ich auf und mir wird augenblicklich bewusst, was ich gerade tun will... und es wird mir ganz leicht fallen... es zu lassen... Dann fühle ich die tiefe Entspannung... *[Schlüsselwort]... [Schlüsselwort]... [Schlüsselwort]...* und der Juckreiz lässt augenblicklich nach... Dann schlafe ich ganz leicht sofort wieder ein.

Durch diese Selbsthypnose versetzen ich mich in die Lage... das Kratzen zu jeder Zeit zu kontrollieren... und den Juckreiz einfach aufzulösen... Ich fühle die tiefe Entspannung... *[Schlüsselwort]... [Schlüsselwort]... [Schlüsselwort]...* und der Juckreiz lässt augenblicklich nach.

Kopfschmerzen

Es gibt viele verschiedene Gründe für Kopfschmerzen. Wenn es sich um Spannungskopfschmerzen handelt, also Verspannungen von Schulter-, Nacken- und Gesichtsmuskulatur den Schmerz verursacht, sollte sich die Therapie zunächst diesen muskulären Verspannungen zuwenden. Dahinter stehen allerdings in der Regel tiefere Probleme zum Beispiel in der Partnerschaft oder am Arbeitsplatz.

Kopfschmerzen können auch durch Vergiftung entstehen, zum Beispiel nach (übermäßigem) Zucker-, Alkohol-, Drogen- oder Medikamentenkonsum. Solche Kopfschmerzen verschwinden von selbst, wenn die Vergiftung abgebaut ist.

Die folgende Suggestion ist für Kopfschmerzen gedacht, für die es keinen vordergründig ersichtlichen Anlass gibt. Sie ist nicht dafür gedacht, akute Kopfschmerzen zu behandeln.* Vielmehr sollten Sie, wenn Kopfschmerzen ein häufiges oder regelmäßiges Problem sind, die Suggestion täglich anwenden, bis die Kopfschmerzen nicht mehr auftreten.

▶ In dieser tiefen Ruhe und Entspannung bin ich bereit, Verantwortung für mich zu übernehmen... Ich entscheide mich dafür, die Furcht vor den Kopfschmerzen loszulassen... Ich erlaube ihnen nicht länger, mein Leben zu kontrollieren...

Ich spüre die Entspannung in mir... Mit jedem Atemzug wird die Entspannung tiefer... und immer tiefer... Und je

*Dafür können Sie z. B. die oben vorgestellte Visualisierung einsetzen.

tiefer meine Entspannung wird... desto stärker wird mein Selbstbewusstsein...

Die Kopfschmerzen sind eine Angewohnheit, die über die Jahre entstanden ist. Der Grund, den ich jetzt für die Kopfschmerzen habe, muss nicht der gleiche Grund sein, warum sie mal begonnen haben.

Jetzt übernehme ich Verantwortung für mich... Ich lassen die Furcht vor den Kopfschmerzen los... Ich erlaube ihnen nicht länger, mein Leben zu bestimmen...

Ich spüre die Entspannung in mir... Mit jedem Atemzug wird die Entspannung tiefer... und immer tiefer... Und je tiefer meine Entspannung wird... desto stärker wird mein Selbstbewusstsein...

[ganz sanft:] Ja...

Deshalb werden die Kopfschmerzen immer seltener auftreten...

Sie werden immer schwächer werden...

Sie werden immer kürzer dauern...

viel seltener... viel schwächer... viel kürzer... bis sie schließlich ganz... und für immer... verschwinden...

Durch diese Selbsthypnose werde ich von Mal zu Mal selbstbewusster... und deshalb fürchte ich die Kopfschmerzen nicht mehr... Sie werden schwächer... und immer schwächer... weil mein Selbstbewusstsein stärker... und stärker wird...

Die Kopfschmerzen sind eine Gewohnheit, die ich in der Vergangenheit angenommen habe. Gewohnheiten können geändert werden. Gewohnheiten zu verändern, erfordert Entschlossenheit. Weil ich diese Entschlossenheit habe, mache ich diese Selbsthypnose.

Und deshalb werden die Kopfschmerzen immer seltener auftreten... Sie werden immer schwächer werden... Sie werden immer kürzer dauern... viel seltener... viel schwächer... viel kürzer... bis sie schließlich ganz... und für immer... verschwinden...

Ich spüre die Entspannung in mir... Mit jedem Atemzug wird die Entspannung tiefer... und immer tiefer... Und je tiefer meine Entspannung wird... desto stärker wird mein Selbstbewusstsein...

Kopfschmerzen sind keine Krankheit. Schmerzen sind eine Warnung... dass etwas nicht in Ordnung ist... Wenn ich Verantwortung übernehme und mich den Problemen aktiv stelle, gibt es keinen Grund mehr für Kopfschmerzen.

Künftig...

jedes Mal, wenn ein Problem in mir zu rumoren beginnt... ob es nun ein praktisches Problem ist... oder ein emotionales Problem... wann immer ein Problem auftauche, werde ich mir dessen augenblicklich bewusst... Das ist der erste Schritt...

Und dann werde ich mir der Entspannung bewusst... zu der ich fähig bin... *[Schlüsselwort]... Schlüsselwort]... Schlüsselwort]...* und die verwirrenden Gedanken verschwinden aus meinem Kopf... Es ist ein gutes Gefühl und stärkt mich, wenn ich mir der Entspannung bewusst bin... *[Schlüsselwort]... Schlüsselwort]... [Schlüsselwort]...*

Diese Reaktion auf belastende Gedanken wird zu meiner Gewohnheit... Ich reagiere auf Herausforderungen mit Gelassenheit... und Entspannung...

[Streichen Sie in der folgenden Aufzählung, was bei Ihnen nicht zutrifft, und fügen an, was eventuell fehlt.]

Ich werde Situationen bewusst ansehen... und mich bewusst entspannen...

Ich werde entspannt reagieren, wenn mich jemand warten lässt...

Ich werde entspannt reagieren, wenn mich jemand enttäuscht hat...

Ich werde entspannt reagieren, wenn mich jemand kritisiert hat...

Ich werde entspannt reagieren, wenn mich jemand zurückgewiesen hat...

Ich werde entspannt reagieren, wenn ich im Stau stehe...

Ich werde entspannt reagieren, wenn ich an der roten Ampel stehe...

Ich werde entspannt reagieren, wenn ich warten muss...

und deshalb brauche ich die Kopfschmerzen nicht mehr als Ventil...

Wann immer ich merke, dass Kopfschmerzen aufkommen... höre ich mit dem auf, was ich auch gerade tue, lehne mich zurück und sage: *[Schlüsselwort]... Schlüsselwort]... [Schlüsselwort]...*

Lampenfieber

So, wie ich jetzt mehr und mehr entspanne... so entspanne ich auch Tag für Tag mehr... und mehr... Ich werde Tag für Tag entspannter... und gelassener... und selbstbewusster...

Auch wenn ich mit anderen Menschen zusammen bin, werde ich entspannt sein... und gelassen... und selbstbewusst... Ganz gleich, ob es Freunde sind... oder Fremde... einige wenige... oder viele... Ich bleibe immer entspannt... und gelassen... und selbstbewusst...

Ich werde mich in der Gegenwart anderer unbeschwert fühlen... und ausgeglichen... und selbstsicher... Ich werde Freunden wie Fremden aufgeschlossen begegnen... und ich werde sie nicht beurteilen... Ich werde alle so annehmen, wie sie sind... Dann brauche ich auch ihr Urteil nicht zu fürchten... und kann mich angenommen fühlen... wie ich bin...

Ich bin frei von Urteilen über Andere... und mache mich von den Urteilen Anderer frei... deshalb kann ich mich wirklich und wahrhaftig auf das konzentrieren, was ich tue und sage.

Ich bin frei von Urteilen über Andere... und mache mich von den Urteilen Anderer frei... deshalb muss ich nicht ständig darauf achten, ob ich mich richtig verhalte und kann so sein, wie ich bin.

Ich gehe ganz in meiner Aufgabe auf, ob es eine entspannte Konversation im kleinen Kreis ist... oder ein wichtiger Vortrag im großen Saal...

Ich bin frei von Urteilen über Andere... und mache mich von den Urteilen Anderer frei... so bleibe ich vollkommen entspannt... vollkommen ruhig... vollkommen selbstbewusst... und gehe vollkommen in meiner Aufgabe auf.

Ich bin frei von Urteilen über Andere... und mache mich von den Urteilen Anderer frei... deshalb werde ich durch die Anwesenheit und Aufmerksamkeit der Anderen nicht verwirrt und kann frei und natürlich handeln und reden.

Sowie ich feststelle, dass ich negative Gedanken oder Empfindungen habe oder abfällig über Andere denke, erinnere ich mich an die tiefe Ruhe und Entspannung, in der ich jetzt bin... *[Schlüsselwort]...* und alle Beklemmung und Nervosität wird von mir abfallen...

[ganz sanft:] So ist es gut...

In dem Augenblick, wenn ich aufstehe, um zu sprechen... wird meine Nervosität vollständig verschwinden... Ich werde mich vollkommen entspannt fühlen... vollkommen unbeschwert... vollkommen zuversichtlich...

Ich werde auf meinen Vortrag gut vorbereitet sein... Ich werde ihn eingeübt haben... aber ich werde keine Erwartungen haben... weder an mich... noch an die Zuhörer... Ich sage, was ich zu sagen habe... Manchen wir es gefallen... und manchen wird es nicht gefallen... Manche werden mich mögen... und manche werden mich nicht mögen...

Ich werde so intensiv mit dem beschäftigt sein, was ich zu sagen habe... dass mich die Anwesenheit der Zuhörer nicht im Geringsten stört... Ich werde gefasst sein... und zuversichtlich... und selbstbewusst...

Ich bin frei von Urteilen über Andere... und mache mich von den Urteilen Anderer frei... deshalb kann ich frei sprechen und sagen, was ich zu sagen habe...

Nägelkauen

In dieser tiefen Ruhe und Entspannung... bin ich ganz bei mir... bin ich ganz sicher... Diese Ruhe und Sicherheit ist tief in meinem Innersten geborgen... Ich bin mir meiner selbst bewusst... das ist Selbstbewusstsein...

An den Nägeln zu kauen, ist eine Angewohnheit... Gewohnheiten kann ich ändern... Ich will nicht an den Nägeln kauen... Ich will diese Gewohnheit ändern... Gewohnheiten zu verändern, erfordert Entschlossenheit... Weil ich diese Entschlossenheit habe, mache ich diese Übung... werde mir meiner selbst bewusst... verbinde mich mit meinem Selbstbewusstsein...

[ganz sanft:] Ja...

tief in meinem Innersten geborgen... ist Ruhe und Sicherheit... In dieser Selbstsicherheit... übernehme ich Verantwortung für mich... und lasse Gewohnheiten sein, die nicht gut für mich sind...

Nägelkauen ist keine Krankheit, es ist ein Zeichen von Unsicherheit... Jetzt erfahre ich die Ruhe... und Sicherheit in mir... Ich werde ruhiger... und ruhiger... Ich erfahre die Sicherheit in mir... Die Selbstsicherheit... Je mehr ich die Ruhe und Sicherheit in mir erfahre... desto weniger brauche ich das Nägelkauen...

[ganz sanft:] Ja...

ich erfahre die Sicherheit in mir... und lasse das Nägelkauen sein...

Künftig... wenn ich bemerke, dass ich an den Nägeln kauen will... noch bevor mein Finger die Zähne berührt... werde ich mir meiner selbst bewusst... Ich stelle fest, was gerade geschieht, und entscheide mich dafür... es... zu... lassen...

Durch die tiefe Ruhe werde ich selbstbewusster... und immer selbstbewusster... Ich weiß, dass ich sicher bin... Ich akzeptiere meine Schwächen und liebe mich, wie ich bin...

Deshalb brauche ich nicht mehr an den Nägeln zu kauen. Schon bald werden die Nägel wieder wachsen... Meine Finger werden heilen... und gut aussehen... Ich kann stolz auf mich sein... mit meinen gesunden Fingern... Ich bin handlungsfähig und selbstbewusst...

Ich werde Tag für Tag ruhiger... und entspannter... und selbstbewusster...

Künftig...

wenn ein Problem in mir zu rumoren beginnt... oder wenn ich mich unsicher fühle... werde ich mir dessen augenblicklich bewusst... Dann werde ich mir der Entspannung bewusst, zu der ich fähig bin... der Sicherheit, die in mir ist... und die beängstigenden Gedanken verschwinden aus meinem Geist...

Diese Reaktion wird zu einer Gewohnheit... Ich reagiere auf Herausforderungen mit Gelassenheit... und Entspannung... Ich kann mich entspannen... und ich kann mich bewusst wahrnehmen... Meine Nägel wachsen... und ich werde stolz auf meine Hände sein...

Ich habe vollkommene Kontrolle über mein Verhalten... Wenn ich den Drang verspüre... sage ich zu mir selbst: »Ich kaue nicht mehr an den Nägeln... und ich brauche das auch nicht.« Dann stelle ich mir etwas Schönes vor... Ich bin frei... und selbstbewusst... Ich habe vollkommene Kontrolle über mein Verhalten.

Nikotinentwöhnung

Ich erfahre die Ruhe in mir... und die Kraft... tiefe Ruhe... stille Kraft... In dieser tiefen Ruhe bin ich frei... und unabhängig... Ich brauche nichts... In der tiefen Ruhe in mir... habe ich alles... was ich brauche...

Ich brauche das Rauchen nicht. Rauchen ist eine Angewohnheit, die ich angenommen habe. Jede Angewohnheit, die man annimmt, kann man auch wieder ablegen. Dazu gehören Entschlossenheit und Ausdauer. Weil ich entschlossen bin, die Angewohnheit zu rauchen abzulegen, mache ich diese Übung.

Ich erfahre die Ruhe in mir... und die Kraft... Deshalb kann ich das Rauchen sein lassen...

Rauchen ist eine Angewohnheit... Je länger ich keine Zigarette hatte, um so weniger will ich rauchen... Deshalb werde ich die Zeit zwischen zwei Zigaretten immer weiter ausdehnen... bis ich ganz davon frei bin... Je öfter und je länger ich dem Drang widerstehe, desto schwächer wird er und verschwindet schließlich ganz...

Ich will nicht rauchen... Ich habe irgendwann damit angefangen und nun ist es eine Gewohnheit... Ich werde mir jetzt dieser Gewohnheit bewusst... Wenn ich zur Zigarette greife... wird mir bewusst, was ich tue... und ich erinnere mich daran, dass ich gar nicht rauchen will...

Ich... will... nicht... rauchen...

Deshalb widerstehe ich dem Drang... und er wird schwächer... und schwächer... bis er ganz verschwindet...

Ich liebe und achte meinen Körper... Deshalb tue ich nur, was gut für meinen Körper ist... Wenn ich zu rauchen aufhöre, wird sich meine Gesundheit verbessern... Mein Körper wird besser mit Sauerstoff versorgt... Meine Verdauung wird besser... Ich werde den Geschmack des Essen mehr genießen... und deswegen weniger essen... Ich werde mich rundum wohler in meiner Haut fühlen...

Ich spüre die Ruhe in mir... und die Kraft... tiefe Ruhe... stille Kraft... In dieser tiefen Ruhe bin ich frei... und unabhängig...

Die Ruhe in mir gibt mir die Kraft, den Drang zu ignorieren... und je öfter... und länger... ich dem Drang widerstehe... wird er nach und nach verschwinden... sich vollständig auflösen... Ich bin frei... Ich brauche nichts... In der tiefen Ruhe in mir... habe ich alles... was ich brauche...
Wenn der Drang sehr stark ist, werde ich mir die Zähne putzen und den Mund mit Mundwasser ausspülen... Oder ich kaue eine Gewürznelke, die ich immer bei mir habe...

Der saubere, frische Geschmack im Mund ist sehr... sehr angenehm... und ich werde alles tun, um diesen angenehmen Zustand lange zu erhalten...

[ganz sanft:] Ja, so ist es gut...

Ich höre auf zu rauchen... weil es gut für mich ist...

Jedes Mal, wenn ich zur Zigarette greife... noch bevor ich die Zigarettenschachtel öffne... wird mir bewusst... was ich gerade vorhabe... und ich werde die Schachtel fortlegen und im Geiste sprechen: *»[Schlüsselwort]... [Schlüsselwort]... [Schlüsselwort]...* Ich rauche nicht... *[Schlüsselwort]... [Schlüsselwort]... [Schlüsselwort]...«*

Ich rauche nicht mehr und ich brauche es auch nicht. Die Ärgernisse und Störungen des Alltags perlen an mir ab wie Wasser vom Gefieder eines Schwans... Ich bin frei...

Wenn ich jetzt gleich diese Selbsthypnose beende... dann gehe ich als Nichtraucher in die Welt... Es ist ein angenehmes Gefühl, Nichtraucher zu sein... Ich bin stolz darauf, Nichtraucher zu sein... Es ist ein Zeichen von Charakterstärke... Und in dieser tiefen Entspannung... und Stille... erfahre ich meine Stärke...

Ja... ich bin Nichtraucher...

Prüfungsangst

So ruhig und entspannt... wie ich jetzt bin... werde ich auch sein, wenn ich den Prüfungsraum betrete, die Prüfungsaufgaben in Empfang nehme und die Prüfungsfragen lese...

Ganz gleich, wie schwierig einige der Fragen auf den ersten Blick scheinen... oder wie wenig ich zu wissen glaube... werde ich ganz ruhig bleiben... Ich werde alle Fragen ganz ruhig lesen... Dann werde ich entscheiden, welche ich am besten beantworten kann... und die als erste bearbeiten... Während ich das tue, werde ich feststellen, dass ich viel mehr erinnere, als ich zunächst dachte...

Danach wähle ich die nächste Frage aus, die mir leicht vorkommt... und beantworte sie auf die gleiche Weise. Und so mache ich es auch mit den übrigen Fragen, bis ich alles aufgeschrieben habe, an das ich mich erinnern kann.

Wenn ich unruhig werde oder die Zeit drängt oder wenn ich mich an ein Detail nicht erinnern kann, spreche ich in Gedanken: *»[Schlüsselwort]... [Schlüsselwort]... [Schlüsselwort]...«* Dadurch werde ich augenblicklich vollkommen ruhig... und gelassen... und alle Informationen, die ich benötige, werden aus meinem Unterbewusstsein aufsteigen... Ich habe das Wissen in mir... und durch die Ruhe und Gelassenheit öffne ich den Kanal dorthin.

► Schlaflosigkeit

Ursache für Schlaflosigkeit ist Unruhe im Körper. Wenn Sie im Bett liegen und nicht einschlafen können, dann machen Sie die Gedanken dafür verantwortlich, die Ihnen durch den Kopf gehen, doch wenn Unruhe im Geist ist, findet sich immer eine korrespondierende Unruhe im Körper. Wenn Sie Ihre Aufmerksamkeit von den Gedanken fort auf den Körper richten, werden Sie das bestätigt finden.

Schlaflosigkeit an sich hat keine ernsthaften Folgen, denn es handelt sich ja nicht um Schlafentzug. Als Schlaflosigkeit bezeichnen wir es, wenn wir schlecht einschlafen und/oder Nachts wiederholt aufwachen. Die Befürchtung, nicht einschlafen zu können, und die Sorge über die Folgen der Schlaflosigkeit sind eine wesentliche Ursache für die Schlaflosigkeit.

Auch wenn Sie schwer einschlafen, schlafen Sie irgendwann ein. Doch wenn Sie obendrein während der Nacht mehrmals aufwachen, fühlen Sie sich morgens »wie gerädert«. Die Ursache dafür ist aber nicht die Schlaflosigkeit, sondern die Unruhe im Körper.

Wie wir am Anfang des Buchs betrachtet haben, gehen wir durch den Alpha-Zustand, bevor wir einschlafen. Die Unruhe im Körper erschwert es, den Alpha-Zustand zu erreichen, und ist ursächlich für die Schwierigkeit einzuschlafen. Wenn wir uns umgekehrt darin üben, den Alpha-Zustand zu erreichen und zu halten, wie wir es durch regelmäßige Selbsthypnose tun, dann führt das unweigerlich dazu, dass wir leichter einschlafen. Deshalb wirkt jegliche Selbsthypnose nebenbei und zusätzlich gegen Schlafstörungen.

Wenn Sie gezielt etwas gegen Schlafstörungen tun wollen, dann beachten Sie einige Regeln. Trinken Sie abends keinen Alkohol und nehmen Sie keine Schlaftabletten. Sehen Sie möglichst wenig fern und gehen möglichst früh, auf jeden Fall vor Mitternacht, zu Bett. Lassen Sie zwischen dem Fernsehen und dem Zubettgehen mindestens eine halbe, besser eine ganze Stunde Zeit. In dieser Zeit des »Abklingens« sollten Sie etwas angenehmes tun, beruhigende Musik hören, etwas lesen oder sich entspannt unterhalten. Und Sie können direkt vor dem Zubettgehen, die folgende Suggestion hören. Verwenden Sie dafür eine lange Induktion, zum Beispiel Induktion 2. Sie können aber auch eine Visualisierung wählen, zum Beispiel den Orangenhain-Text.

Wenn Sie im Bett liegen, lassen Sie ganz in Ruhe den Tag noch einmal Revue passieren, so wie Sie einen Film anschauen: unbeteiligt. Verabschieden Sie all die Aufregungen und Ärgernisse und richten dann Ihre Aufmerksamkeit in den Körper. Gehen Sie alle Teile Ihres Körpers systematisch und bedächtig durch, wie es weiter oben schon beschrieben wurde: von den Füßen bis zur Hüfte (jedes Bein einzeln) und den Rumpf empor bis zum Hals, von den Händen zu den Schultern (jeden Arm einzeln) über dem Nacken, Hinterkopf, Kiefer, Lippen, Nase, Wangen, Augen, Augenbrauen, Stirn, Scheitel. Wenn Sie nach einem Durchgang noch nicht eingeschlafen sind, fangen Sie von vorne an. Wenn Sie dazu keine Lust haben oder schon etwas matt sind, können Sie auch im Geist endlos, aber langsam und mit gehörigen Pausen dazwischen Ihr Schlüsselwort vor sich hinmurmeln.

Wenn Sie in der Nacht aufwachen, richten Sie Ihre Aufmerksamkeit sofort auf Ihren Körper und murmeln im Geist Ihr Schlüsselwort. Sie werden schnell wieder einschlafen.

Diese angenehme Entspanntheit nehme ich mit, wenn ich gleich zu Bett gehe... Den Tag mit seinen Aufregungen und Problemen lasse ich hinter mir, wenn ich die Tür zum Schlafzimmer schließe. Wenn ich mich ins Bett lege, werde ich sofort in den Trance-Zustand übergehen... *[Schlüsselwort]*...

Es ist nicht wichtig, ob ich gleich einschlafe... oder später... früher oder später werde ich einschlafen...

Wichtig ist, dass ich die Gedanken verabschiede... und mich meinem Körper zuwende... Ich gebe dem Körper die Aufmerksamkeit, die er braucht... deshalb werde ich leicht einschlafen können...

Tag für Tag wird es mir leichter fallen, die Gedanken loszulassen... und mich meinem Körper zuzuwenden...

Ich denke nicht darüber nach, ob und wie ich einschlafe... Ich gebe meinem Körper... was er braucht... *[Schlüsselwort]*... und ich werde leicht... und angenehm... in den Schlaf hinübergleiten...

[ganz sanft:] Ja...

leicht... und angenehm...

Sowie mein Kopf auf dem Kopfkissen liegt... wird mein Geist ruhig... und mein Körper entspannt sich... Das geschieht jeden Abend... Sowie mein Kopf auf dem Kopfkissen liegt... werde ich ruhig... und entspannt...

Sobald ich am Abend meinen Kopf auf das Kopfkissen lege, gehe ich augenblicklich in den Zustand der Trance... *[Schlüsselwort]*... Dann werde ich leicht einschlafen... fest durchschlafen... und am Morgen gut ausgeruht aufwachen... bereit, einen neuen Tag frisch zu beginnen...

Wenn Sie die Suggestion hören und schon im Bett liegen, können Sie auf eine Ausleitung verzichten und direkt dazu übergehen, den Körper zu fühlen.

Wenn Ihnen der Spaziergang durch den Orangenhain hinreichend vertraut ist, können Sie sich auch ohne akustische Einspielung in diese Szene versetzen und in Gedanken den Spaziergang machen. Variieren Sie die beschriebenen Elemente, wenn Sie Abwechselung wünschen. Allerdings werden Sie recht bald leicht einschlafen können und die Frage nach Abwechselung wird sich vermutlich gar nicht stellen.

► Schmerz

Es ist eine wesentliche Änderung im Verhältnis zum Schmerz, wenn wir anerkennen, dass er keine Krankheit ist, sondern ein Symptom. Der Schmerz hat die Aufgabe, unsere Aufmerksamkeit auf einen Bereich des Körpers zu lenken, in dem ein Mangel herrscht. Schmerz ist unangenehm, kein Zweifel, doch es ist nicht hilfreich, sich gegen den Scherz zu stemmen, das macht ihn nur noch stärker, oder ihn zu betäuben, das ändert nichts am Auslöser. Keine Frage, wenn der Schmerz unerträglich stark ist, sind schmerzstillende Mittel ein Segen. Wenn Sie aber regelmäßig oder gar chronisch Kopfschmerzen haben und deshalb regelmäßig Medikamente nehmen, bleibt die Ursache und mit ihr bleiben die Kopfschmerzen und Sie müssen die Mittel fortgesetzt einnehmen, was schließlich zu einer Belastung der inneren Organe führt, die weitere Störungen und damit weitere Schmerzen nach sich zieht.

Wenn Sie lernen, sich in den Alpha-Zustand zu versetzen, dann erfahren Sie nicht nur tiefe Ruhe im Körper und schließlich auch Frieden im Geist, Sie nehmen sich selbst und Ihren Körper auch mit einer gewissen Distanziertheit oder nennen wir es Bewusstheit wahr, als Beobachter oder Zeuge. Wenn Sie in diesem Zustand der Trance, der tiefen Ruhe und Wachheit, den Schmerz nicht abwehren, sondern wie ein Beobachter wahrnehmen, werden Sie eine bemerkenswerte Erfahrung machen können: Die Intensität des Schmerzes wird unfassbar. Es ist ähnlich wie bei heißem Wasser. Wenn Sie in der Badewanne in sehr heißem Wasser liegen, dann tritt irgendwann eine Irritation ein, vielleicht haben Sie das schon erfahren, und Sie werden unsicher, ob das Wasser sehr heiß oder ganz kalt ist.

Sich nicht gegen den Schmerz zu sperren und zu verkrampfen, ist ein wichtiger Schritt, denn das erlaubt der Energie im Körper, der Lebenskraft, dorthin zu strömen, wo der Mangel herrscht. Genau das auszulösen, ist die Aufgabe des Schmerzes. Diese Funktion nicht zu behindern, bedeutet, zur Heilung beizutragen.

Wenn Sie das nächste Mal zum Zahnarzt gehen, können Sie ein Experiment machen. Wenn Sie auf dem Behandlungsstuhl liegen, richten Sie Ihre Aufmerksamkeit in den Körper und entspannen sich. Entspannen Sie besonders die Muskulatur der Beine, der Arme und des

Nackens. Gewöhnlich muss man eine Weile warten, bis die Untersuchung beginnt. Dabei können Sie vermutlich feststellen, dass allein die Erwartung schon dazu führt, dass sich immer wieder bestimmte Muskeln anspannen, bevorzugt im Bereich des Gesäßes und der Beine oder des Schulter-Nackenbereichs. Diese Angstreaktion soll den Körper bei akuter Gefahr vor Verletzung schützen, denn wenn die Muskulatur hart ist, prallen Angriffe besser ab. Die Muskeln spannen sich also in Erwartung eines Angriffs an. Auf dem Behandlungsstuhl ist diese Reaktion unnütz. Wenn Sie also auf dem Stuhl liegen und feststellen, dass sich bestimmte Muskeln anspannen, lösen Sie sie wieder. Fahren Sie damit während der Untersuchung und der eventuell anschließenden Behandlung fort. Es gibt übrigens Zahnärzte die statt der heute weitverbreiteten Betäubungsspritze Hypnose einsetzen, um ihre Patienten schmerzfrei zu halten.

In mir ist tiefe Ruhe, auch wenn sie von den Schmerzen überlagert wird.

Ich öffne mich der tiefen Ruhe in mir... und in dieser tiefen Ruhe nehme ich die Schmerzen wahr... Wie der Himmel bin ich offen... und weit... Und in dieser offenen Weite... nehme ich den Schmerz wahr... als würde ich von einer Wolke auf die Erde schauen...

Tief in mir ist weite Ruhe... und unendliche Kraft... Indem ich dem Schmerz mit offenen Armen begegne... bleibe ich in der Ruhe... und erlaube meiner Lebenskraft zu strömen... die schmerzende Stelle zu versorgen... so wie es vorgesehen ist...

Ich nehme mich aus dem Spiel... und überlasse den schöpferischen Kräften in mir den Raum... ihre Aufgabe zu erfüllen... die schmerzende Stelle zu versorgen... und die Ursache für die Schmerzen zu stillen...

[ganz sanft:] Ja...

in der tiefen Ruhe in mir... in der kraftvollen Stille... bin ich gewiss... die schöpferische Intelligenz, die meinen Körper täglich erhält, kümmert sich auch im dieses Problem... Die natürlichen Heilkräfte meines Körpers... bringen den Heilungsprozess voran... und damit hat der Schmerz seine Aufgabe erfüllt...

Ich erlaube der Lebenskraft meines Körpers, dorthin zu strömen, wo sie gebraucht wird... Deshalb öffne ich mich der tiefen Ruhe in mir... der tiefen Ruhe in mir... Ich lasse den Schmerz zu... ich beobachte ihn... ich merke, wie er sich verändert... und unfassbar weit wird... wie eine Welle auf dem Ozean...

Ich erlaube der Lebenskraft frei zu strömen... So wird der Mangel optimal versorgt... die Symptome werden schwächer... der Schmerz löst sich auf...

Jeder Heilungsprozess braucht seine Zeit... deshalb werden die Schmerzen Tag für Tag merklich schwächer... bis sie ganz verschwunden sind... Ich lasse den Schmerz zu... und erlaube ihm dadurch, schwächer zu werden... und sich bald ganz aufzulösen...

Wenn ich mich im Laufe des Tages unwohl fühle oder mich Schmerzen überkommen, denke ich dreimal *[Schlüsselwort]*... und erinnere ich mich an die tiefe Ruhe in mir... die kraftvolle Stille... Dann bin ich mir gewiss, dass sich die intelligente Heilkraft in mir, optimal um dieses Problem kümmert...

Wenn ich dreimal *[Schlüsselwort]* denke, ist das ein Signal für die Heilkraft, frei zu fließen... Die Schmerzen oder das Unwohlsein werden augenblicklich gelindert... weil heilende Lebensenergie in den Bereich strömt... Deshalb werde ich mich auch schnell entspannen... und wieder wohler fühlen...

Ich fühle die Freiheit und das Glück, vollständig gesund zu sein. Ich male mir diesen Zustand in allen Farben aus...

[10 Sekunden Pause]

[ganz sanft:] So ist es gut...

So wird es geschehen... In diesem gesunden Zustand bin ich vollkommen im Einklang mit den Kräften der Schöpfung...

Jeden Tag wird es mir besser und besser gehen... besser und besser...

► Selbstvertrauen

In dieser tiefen Ruhe und Entspannung... bin ich ganz bei mir... bin ich ganz sicher... Diese Ruhe und Sicherheit ist tief in meinem Innersten unerschütterlich geborgen... Ich bin mir meiner Selbst bewusst... und deswegen habe ich Selbstvertrauen...

In dieser tiefen Ruhe und Entspannung... liebe und akzeptiere ich mich... voll und ganz... so wie ich bin... Ich mache mich frei vom Urteil anderer... und erlaube mir... so zu sein, wie ich bin...

In dieser tiefen Ruhe und Entspannung... liebe und akzeptiere ich all die Menschen um mich herum... ganz gleich... ob sie mich ablehnen oder annehmen... ob sie mich verurteilen oder loben... Ich mache mich frei vom Urteil anderer... und erlaube mir... so zu sein, wie ich bin...

In dieser tiefen Ruhe und Entspannung... mache ich mich frei... vom Urteil anderer... und von den einschränkenden Gedanken über mich selbst, die ich aufgenommen habe... Ich nehme zu mir, was zu mir gehört, und ich lasse bei anderen, was zu anderen gehört... Ich mache mich frei vom Urteil anderer... und erlaube mir... so zu sein, wie ich bin...

Mein Geist wird von Tag zu Tag stiller... geordneter... gelassener... friedvoller... Und mein Selbstvertrauen wächst von Tag zu Tag...

In dieser geistigen Ruhe... und Klarheit... werde ich frei von Voreingenommenheit... Ich werde offen sein für alles, ob vertraut... oder fremd... Ich werde in mir gefestigt sein... meine Gefühle werden ausgeglichen sein...

Tag für Tag kann ich klarer denken... Tag für Tag kann ich mich besser konzentrieren... Tag für Tag wird mein Gedächtnis besser... Ich sehe die Dinge, wie sie sind... und reagiere ruhig darauf...

Tag für Tag werden meine Emotionen ruhiger... und ich entwickele ein ausgeprägtes Wohlbefinden... ein ausgeprägtes Gefühl persönlicher Sicherheit... und die tiefe Gewissheit... alles bewältigen zu können, was auf mich zukommt...

Tag für Tag wächst das Vertrauen in meine Fähigkeiten... und so wird es bleiben... Tag für Tag mehr Selbstvertrauen... Tag für Tag mehr Selbstsicherheit... Tag für Tag mehr Zufriedenheit...

Traumkontrolle

Wie schon besprochen wurde, befinden wir uns vor dem Einschlafen in einem Zustand der Trance. Wenn Sie im Bett liegen und feststellen, dass Sie aus dem Wachbewusstsein fortdriften, brauchen Sie keine weitere Induktion und können sofort innerlich eine Suggestion sprechen, zum Beispiel: »Ich werde mich an einen Traum erinnern.« Murmeln Sie diesen Satz innerlich immer wieder, bis Sie einschlafen.

Legen Sie Schreibzeug bereit, um sofort nach dem Aufwachen Notizen zu machen. Nur wenn Sie die Erinnerung an den Traum sofort festhalten, wird sie so stabil, dass sie im Wachzustand erhalten bleibt. Wenn Sie das jede Nacht praktizieren, werden Sie mit der Zeit immer leichter und besser Ihre Träume erinnern.

Wenn Sie eine Frage haben oder die Lösung für ein Problem suchen, können Sie entsprechend vorgehen. Voraussetzung ist, dass Sie sich mit der Sache bereits ausführlich beschäftigt haben. Sagen Sie sich vor dem Einschlafen: »Ich werde im Traum die Lösung für *[Problem]* erfahren. Ich werde einen Traum haben, in dem mir die Lösung begegnet.«

Es gibt viele Beispiele dafür, wo kreative Lösungen im Traum gefunden wurden. Wenn wir uns im Wachbewusstsein mit einem Problem beschäftigen, sind all die Informationen dazu in unserem Geist und das verstellt oft den Blick auf die Lösung. Wenn wir dann entspannen, ordnen sich die Informationen wie ein Puzzle von selbst und die Lösung erscheint ganz einfach. Kreativ tätige Menschen sprechen gern von den drei B, wo die Ideen kommen: Bad, Bus, Bett.

Zahnarztangst*

Meine Muskeln entspannen sich mehr... und mehr... sie werden locker... und leicht... und gelöst...

Meine Muskeln merken sich diese Leichtigkeit... diese Gelöstheit... diese wundervolle Entspannung... *[Schlüsselwort]*...

Wenn ich die Zahnarztpraxis betrete, werden sich meine Muskeln an diesen lockeren Zustand erinnern... an diese Leichtigkeit... an diese Gelöstheit... und sich sofort entspannen...

Wenn ich auf dem Behandlungsstuhl liege, werde ich meine Aufmerksamkeit in den Körper richten... Sowie ich

*Lesen Sie hierzu bitte auch die Vorbemerkungen zur Suggestion »Schmerz«.

feststelle, dass ein Muskel angespannt ist, werde ich ihn sofort wieder lösen...
Ich werde mich auf dem Behandlungsstuhl bequem fühlen... und behaglich... wie in meinem Lieblingssessel... und mich entspannen... sehr tief entspannen...

Ich werde meine Aufmerksamkeit in den Körper richten... und die Entspannung wahrnehmen... All die Geräusche um mich herum werden diese angenehme Entspannung verstärken... als würde ich meine Lieblingsmusik hören... So kann ich ganz leicht zulassen, dass die notwendige Behandlung durchgeführt wird... Während der Behandlung bleibe ich entspannt... und ruhig... ganz gleich, was für eine Behandlung durchgeführt werden muss...

Wenn ich bemerke, dass ich mich verspanne... denke ich *[Schlüsselwort]... [Schlüsselwort]... [Schlüsselwort]...* und entspanne die betreffenden Muskeln wieder... Ich richte meine Aufmerksamkeit immer in den Körper und achte darauf, dass alle Muskeln entspannt bleiben...

So kann ich während der Behandlung ruhig bleiben... und entspannt... Ich freue mich auf gesunde Zähne und das angenehme Gefühl, dass im Mund alles in Ordnung ist...

Verhaltensänderung

■ Manche Ängste sind so groß, zum Beispiel die Angst vor dem Zahnarzt oder vor dem Fliegen, dass Sie vielleicht meinen, sie auch mit einer Suggestion nicht auflösen zu können. Für solche schweren Fälle bietet sich die Strategie der degressiven Lösung.

Die genannten Ängste sind ein erlerntes Verhalten, das wesentlich auf Vermeidung beruht. Dieses Muster kann überschrieben werden, indem ein anderes, entgegengesetztes Verhalten eingeübt wird, also statt Vermeiden und Wegsehen Hinsehen und Zulassen. In diesem Zusammenhang wird auch von Desensibilisierung gesprochen. Bei dieser Vorgehensweise wird für die auslösende Situation eine andere, erwünschte Verhaltensweise eingeübt wird. Weil Verhalten erlernt ist, kann es durch Erlernen eines anderen Verhaltens auch geändert werden.

Wenn die Angst beispielsweise vor dem Fliegen sehr groß ist, dann kann man überfordert sein, sich trotzdem in ein Flugzeug zu setzen, um so die neue Verhaltensweise einzuüben. Deshalb ist die Vorgehensweise so, dass die Angst auslösende Situation in wohl dosierten Schritten gesteigert wird.

Wenn sich jemand zum Beispiel davor fürchtet, das Haus zu verlassen, kann er am ersten Tag ein paar Schritte von seinem Haus weg gehen und dann umkehren. Jeden folgenden Tag steigert er die Strecke ein wenig, bis er eine ansehnliche Entfernung erreichen kann.

Bei komplexen Auslösern werden alle Faktoren gesammelt, die zur Angstreaktion beitragen. Diese Liste wird dann hierarchisch geordnet. Der stärkste Angstauslöser kommt ganz oben in die Liste und die weniger starken folgen mit abnehmender Intensität. Dann wird diese Liste von unten nach oben abgearbeitet.

Der Entwurf der Hierarchie ist von zentraler Bedeutung, durch sie werden für den Betroffenen individuell bedeutende Elemente entsprechend gewertet. Eine solche Hierarchie ist also für jeden Betroffenen individuell.

Das Verfahren beginnt damit, dass Sie sich per Induktion in den Trance-Zustand versetzen und entspannen und dann zunächst die Situation visualisieren, die mit dem Angst auslösenden Reiz am untersten Ende der Hierarchie verbunden ist. Weil dieser Reiz nur sehr schwach Angst auslösend ist, wird er durch die hypnotische Visualisierung leicht neutralisiert. Wenn zwischendurch das Gefühl der Angst irgendwann zu groß wird, denken Sie Ihr Schlüsselwort dreimal und erinnern sich an die tiefe Ruhe des Trance-Zustands, bevor Sie weiter den auslösenden Reiz visualisieren. Diese Anwendung wird so oft wiederholt, bis die visualisierte Situation keine Angstreaktion mehr auslöst. Danach wird auf die gleiche Weise der in der Hierarchie folgende Reiz bearbeitet.

Wenn Sie dieses Verfahren anwenden wollen, können Sie eine Aufzeichnung anfertigen, die lediglich aus einer Induktion und einer Ausleitung besteht, zwischen denen eine Zeit Ruhe herrscht, in der Sie die jeweilige Situation frei visualisieren. Diese Zeit können Sie nach Ihren eigenen Bedürfnissen bemessen, sie sollte aber etwa zehn bis maximal zwanzig Minuten lang sein.

Bevor Sie die Methode anwenden, sollten Sie darin geübt sein, den Trance-Zustand zu erreichen. Und Sie müssen die Hierarchie zusammenstellen. Nehmen Sie sich dafür genügend Zeit und betrachten wirklich alle Aspekte des Problems.

Die folgende Hierarchie könnte von jemandem aufgestellt sein, der unter Flugangst leidet:

1 Benommenheit durch die Bewegung des Flugzeugs

2 der Pilot sagt eine Verspätung an

3 ich schaue auf die Uhr und stelle fest, wir sollten schon gelandet sein

4 die Anzeige »No smoking, fasten seat belt« geht unerwartet an

5 Turbulenz

6 Änderung des Motorengeräusches

7 ich höre, wie ein Mitreisender von einem Flugzeugabsturz erzählt

8 Veränderung der Kabinenbeleuchtung

9 das Gefühl, in den Sitz gedrückt zu werden, wenn die Maschine auf der Startbahn fährt, um abzuheben

10 wenn die Maschine zur Startbahn rollt und ich aus dem Fenster schaue

11 Vorbereitung zum Abflug, die Kabinentüren werden geschlossen

12 Einsteigen in das Flugzeug

13 Anstehen bei der Gepäckaufgabe

14 Kauf des Flugtickets

15 der Morgen des Reisetages

16 die Nacht vor dem Flug

17 eine Woche vor dem Flug

18 wenn mir klar wird, dass der Flug unvermeidlich ist

19 im Fernsehen sehen, wie ein Flugzeug abhebt

Prüfen Sie nach der Selbsthypnose Ihre Reaktion, indem Sie sich die Angst auslösende Situation noch einmal vorstellen und Ihre Angstreaktion beobachten. Wenn die Reaktion auf Null oder annähernd Null ist, machen Sie bei der nächsten Sitzung mit dem nächsten Punkt Ihrer Liste weiter.

Die Hierarchie für die Angst vor dem Zahnarzt könnte beispielsweise so aussehen:

1 ein Zahn wird gezogen

2 eine Wurzelbehandlung wird durchgeführt

3 an einer Karies wird gebohrt

4 Zahnarztinstrumente bewegen sich im Mund

5 eine Betäubungsspritze bekommen

6 die Spritze sehen

7 eine Füllung wird in ein Loch eingebracht

8 Zahnarztinstrumente sehen

9 das Geräusch des Bohrers hören

10 der Zahnarzt spricht von vielen Problemen

11 der Zahnarzt bläst Luft oder Wasser in meinen Mund

12 die Zähne werden gesäubert

13 eine Röntgenaufnahme der Zähne wird gemacht

14 der Zahnarzt betritt das Behandlungszimmer

15 sich in den Behandlungsstuhl legen

16 im Behandlungsstuhl sitzen

17 den Zahnarztgeruch riechen

18 im Wartezimmer des Zahnarztes sitzen

19 einen Termin beim Zahnarzt machen

20 daran denken, zum Zahnarzt zu gehen

Umgang mit Widerständen

■ Die häufigsten Widerstände gegen Hypnose sind:

1 Ängstlichkeit und Versagensangst
2 Angst vor dem Zustand der Trance
3 abschweifende Aufmerksamkeit
4 physische Unbequemlichkeit
5 Missfallen mit der Induktionsmethode
6 mangelnde Motivation

1 Ängstlichkeit und Versagensangst

Tatsächlich kann die Befürchtung, bei der Anwendung der Selbsthypnose nicht erfolgreich zu sein, die Wirksamkeit der Induktion überlagern. Beruhigen Sie sich, so gut es geht. Machen Sie sich klar, dass Sie nichts verlieren, wenn es nicht gleich funktioniert. Sie können es immer wieder und auf verschiedene Arten versuchen. Lassen Sie sich Zeit. Entspannen Sie und ermuntern sich, bevor Sie mit der Induktion beginnen.

2 Angst vor dem Zustand der Trance

Es kann vorkommen, dass Sie auf der bewussten Ebene bereit sind und es gar nicht erwarten können, Selbsthypnose anzuwenden, auf der unbewussten Ebene jedoch Angst davor haben, sich der Trance hinzugeben. Wenn das der Fall ist, steckt gewöhnlich die unbewusste Angst dahinter, die Kontrolle aufzugeben. Daraus erwächst ein geistiger Konflikt, der Sie davon abhält, in Trance zu gehen. Machen Sie sich bewusst, dass Sie allein den Prozess kontrollieren und dass Trance ein ganz natürlicher Zustand ist.

3 Abschweifende Aufmerksamkeit

Manchen Menschen fällt es schwer, sich der Induktion hinzugeben, weil ihr Geist ständig umherschweift und bei anderen Gedanken ist. Wenn Sie das feststellen, haben Sie Geduld mit sich. Ein umherschweifender Geist ist Ausdruck von Unruhe. Machen Sie die vorbereitenden Übungen so lange, bis Ihr Geist ruhiger wird, zumindest während der Übungen.

Beginnen Sie damit, dass Sie nur eine Induktion hören, zum Beispiel Induktion 1 (natürlich beendet durch eine Ausleitung). Wenn Sie während der Induktion feststellen, dass Sie Gedanken denken, wenden Sie sich wieder ganz leicht und mühelos der Induktion zu. Lesen Sie in diesem Zusammenhang auch noch einmal den abschnitt »Los geht's«.

Wenn Sie feststellen, dass Ihr Geist schon etwas ruhiger geworden ist, können Sie zu einer Visualisierung übergehen, zum Beispiel zum »Orangenhain«. So werden Sie nach und nach Ihre gedankliche Aktivität, das ›Grundrauschen‹ Ihres Geistes zur Ruhe bringen.

4 Physische Unbequemlichkeit

Wenn Sie sich unbequem fühlen, kann das die Induktion sehr stören. Deshalb sollten Sie es sich immer so bequem wie möglich machen. Gehen Sie vor der Selbsthypnose ins Bad. Sorgen Sie dafür, dass Sie nicht gestört werden und vermeiden Sie so gut es geht störende Geräusche. Natürlich sollten Sie nicht unter dem Einfluss von Drogen stehen, also trinken Sie keinen Alkohol vor der Hypnose und auch keinen Kaffee, wenn Sie Raucher sind, rauchen Sie vorher nicht, und wenn Sie Medikamente einnehmen müssen, tun Sie das nach der Selbsthypnose. Legen Sie sich bequem hin oder (besser) wählen eine angenehme Sitzgelegenheit. Achten Sie darauf, dass Ihre Kleidung nicht drückt, dass es warm genug ist und decken sich eventuell zu.

5 Missfallen mit der Induktionsmethode

Es kann sein, dass Ihnen eine Induktionsmethode nicht gefällt oder unangenehm ist. In diesem Buch sind verschiedene Methoden vorgestellt, so dass Sie andere ausprobieren können. Es kann auch sein, dass Sie sich an einzelnen Wörtern oder Bildern im Text Ihrer Induktion stören. Vielleicht spüren Sie einen Widerstand gegen die Formulierung: »Ich sinke tiefer und tiefer in Trance«, weil Sie das mit irgendeiner unangenehmen Erinnerung verbinden. Dann ersetzen Sie diese Formulierung durch eine ähnliche, die diese Erinnerung nicht wachruft.

7 Mangelnde Motivation

Wenn Sie nicht wirklich wollen, dass es Ihnen besser geht, dann wird die Selbsthypnose auch keine große Wirkung zeigen. Es ist ziemlich unmöglich, Trance zu induzieren, wenn Sie nicht hinreichend motiviert sind. Viele Menschen, die Probleme mit Alkohol, Zigaretten oder Essen haben, wollen vielleicht auf der bewussten Ebene eine Änderung ihrer Situation, unbewusst aber beherrscht sie eine selbstschädigende Überzeugung und sie wollen nicht, dass ihre Symptome deutlich werden. Solche selbstschädigenden Überzeugungen können zum Beispiel mit EFT (Emotional Freedom Techniques)* sehr gut aufgelöst werden. Doch wenn Ihre Motivation stark genug ist, können Sie auch mit Selbsthypnose beste Ergebnisse erzielen.

◆

Weitere Informationen über Hypnotherapie und eine Therapeutenliste finden Sie bei der Milton Erickson Gesellschaft für Klinische Hypnose e. V. unter www.meg-hypnose.de

*Wells, Steve; Lake, Dr. David: Pocket-Guide EFT. Ahlerstedt (Param) 2010[2]. ISBN 978-3-88755-265-7